BIENVENUE EN CORSE !

© KRISZTIAN JUHASZ - SHUTTERSTOCK.COM

Le Cavu en Corse du Sud.

C'est le propre des îles de baigner dans l'eau ! En Corse, massif plongeant dans la mer Méditerranée, l'eau est omniprésente, sur mes berges mais aussi dans les terres. Plaines et montagnes recèlent de nombreux lacs, torrents, fleuves et ruisseaux, deltas et lagunes d'une grande richesse paysagère et biologique. L'eau douce s'écoule, vive entre les roches, chantante dans les fontaines alors que le ressac de l'eau de mer imprime son propre rythme. Ainsi en Corse, l'eau compose deux ambiances. L'une marine et balnéaire, avec ses plages et ses fonds marins, l'autre vive et humide avec ses prairies gorgées d'eau et ses torrents qui sculptent la roche. Il y a aussi un registre gourmand avec les produits de la pêche en mer, de la conchyliculture dans les étangs ou encore de la pêche en rivière. Et bien entendu un registre de détente et de sports aquatiques. Se détendre à la plage, dans le bassin de thermes creusé dans le granit dans les baignoires d'un spa ou d'un centre de thalasso. Quant aux activités aquatiques, elles sont nombreuses sur l'eau, sous l'eau, en suivant le sentier du littoral ou les canyons des rivières.

Alors mer ou rivières ? Version eau salée, les 1 000 km de côtes corses déclinent plages de sable ou de galets, criques sauvages et falaises fantastiques. Terrain de choix pour le nautisme, la plongée, le surf et les plaisirs balnéaires. L'arrière-pays apporte une belle contribution aquatique de lacs en cascades, de torrents en étangs. Et dans les deltas, les lagunes font le lien...

© PKAZMIERCZAK - STOCK.ADOBE.COM

Paddle près de la plage de Bodri.

SOMMAIRE

LA CORSE DE L'EAU

DÉCOUVERTE

LES BONNES ADRESSES

Calvi.

PENSE FUTÉ

FRANCE
ITALIE
CORSE
SARDAIGNE
Parc naturel marin du cap Corse et de l'Agriate
CENTURI
Port de Centuri
Plage de Tamarone
Plage de Sainte-Marie
ROGLIANO
Port de plaisance Macinaggio
Port de plaisance Santa Severa
Port de Porticciolo
PINO
CANARI
PAYS DE BASTIA
NONZA
BRANDO
SANTA-MARIA-DI-LOTA
BASTIA
Vieux port de Bastia
Port de Saint-Florent
SAINT-FLORENT
FURIANI
Étang du Chiurlinu
Étang de Biguglia
Port de l'Île-Rousse
L'ÎLE-ROUSSE
ALGAJOLA
Port de Ceccaldi
MONTICELLO
BELGODÈRE
San-Gavino-di-Tenda
CALVI
Port de plaisance Xavier Colonna
LUMIO
Olmi-Cappella
PIANA
Golo
Suare
CALENZANA
LORETU DI CASINCA
A VENZULESCA
Asco
Ponte Leccia
PAYS DE BALAGNE
Port Galéria
GALÉRIA
Fangu
CENTRE CORSE
CASTAGNICCIA MARE E MONTI
San-Lorenzo
RAPPAGIO
SAN-NICOLAO
MORIANI
SANTA-MARIA-POGGIO
Port de Taverna
OSANI (GIROLATA)
Port abri de Girolata
ALBERTACCE
CALACUCCIA
Lac de Calacuccia
U PETRICAGHJU
CORTE
Restonica
CERVIONE
CERVIONI
PORTO
Port de Porto
Piscines naturelles d'Aitone
Porto
Pozzines du lac de Nino
CASANOVA
POGGIO-DI-VENACO
LINGUIZZETTA
OTA
ÉVISA
SAINT-PIERRE DE VENACO
RIVENTOSA
Calanques de Piana
VENACO
Piscines naturelles
BRAVONE

CARGÈSE
Port de Cargèse
SAGONE
COGGIA
AZZANA
Lac de Creno
Melu
Lac de Capitellu
VIVARIO
MURACCIOLE
BOCOGNANO
Étang de Terrenzana
Étang de Diana
CORSE ORIENTALE
ALÉRIA
Zone de mouillage d'Orcino-Calcatoggio
Cannelle
Pozzi du Renoso
Pozzines de Pozzolo
PRUNELLI DI FIUMORBO
Étang d'Urbino
GHISONACCIA
Lava
BASTELICA
TOLLA
Mer Méditerranée
PAYS D'AJACCIO
Pozzines du plateau d'Ese
Abatesco
Lac de Tolla
U Prunelli
AJACCIO
Port d'Ajaccio
TRAVO
Les Bains
Mouillage de Porticcio
PORTICCIO
Taravo
SARI-SOLENZARA
Port de Solenzara
Pozzines de Coscione
Mouillage de Pietrosella
Verghia
MOCA-CROCE
Cannella
SARTENAIS VALINCO TARAVO
Piscines naturelles du Cavu
Étang de Tanchicchia
OLMETO
Rizzanese
Cavu
PORTO POLLO
Port de Porto Pollo
SAINTE-LUCIE-DE-TALLANO
Mer Tyrrhénienne
Baracci
Port de Propriano
PROPRIANO
Lac de l'Ospedale
LECCI
Pinarel u
Étang d'Arasu
BELVÉDÈRE-CAMPOMORO
SARTÈNE
Ortolo
SUD CORSE
Port de Porto-Vecchio
PORTO-VECCHIO
TIZZANO
Port de Tizzano
Zone de mouillage de Santa Giulia
Caldarello
FIGARI
Port de Pianottoli Caldarello
BONIFACIO
Port de Bonifacio
Cavallo
Port de Cavallo
Réserve naturelle des Bouches de Bonifacio
Réserve naturelle des îles Lavezzi
10 KM

Étang d'Urbino.

LA CORSE DE L'EAU

TOP 5 COUPS DE CŒUR

Destination aquatique s'il en est, la Corse fait dans la diversité des genres. Voici nos coups de cœur qui rendent compte de cette diversité. Diversité des eaux, diversité des activités liées à l'eau, diversité des plaisirs aquatiques. Au programme : pagayer à l'affût de la faune et de la flore d'un delta, profiter des atouts d'un lac de montagne, marcher les yeux perdus dans la mer, plonger dans les piscines naturelles d'un torrent et finalement se désaltérer en choisissant l'une des eaux minérales corses.

DELTA DU FANGO EN CANOË

Entre mer et fleuve, sur la commune de Galéria, l'embouchure de la vallée du Fango abrite un concentré de biodiversité, notamment une mosaïque végétale. On y trouve du ciste, du chêne vert, du maquis dense à lentisque, de l'arbousier et près du marais des ormes, des aulnes séculaires et des fougères, tandis que sur l'eau flottent des nymphéas blancs sur lesquels des tortues cistudes prennent le soleil. Sur les îlots rocheux se développe une végétation plus méditerranéenne et une très ancienne oliveraie. L'ensemble de la vallée du Fango, du delta jusqu'à 2 556 mètres d'altitude, est classé réserve de biosphère par l'Unesco. Pour une découverte écologique du delta, le lieu est idéal pour pagayer ! Vous pouvez faire une petite randonnée sur l'eau en canoë-kayak biplace ou monoplace, du 1er juin au 30 septembre, dans un paysage de verdure paisible en observant des oiseaux aquatiques et des libellules, des grèbes castagneux, des poules d'eau, des hérons cendrés, des aigrettes... Vous avez quatre bras d'eau douce à explorer sur ce site intégré au Conservatoire du littoral. Une exposition en plein air dévoile l'histoire et les richesses naturelles du site. Ne vous privez pas ensuite d'une escale sur la plage de Galéria.

Delta du Fango.

LA CORSE DE L'EAU

La Corse se décline sur le thème de l'eau en une mosaïque de joyaux à admirer et d'activités à pratiquer. Voici une sélection mettant en avant nos coups de cœur dans des domaines variés. Comme autant d'invitations à découvrir quelques facettes d'une île et de ses eaux. À explorer dans les terres et sur les côtes, à protéger, à honorer et même à boire !
www.followmeproduction.com

NAUTISME NATURE AU LAC DE TOLLA

A 25 km d'Ajaccio, le lac de Tolla, lac de barrage construit en 1964 sur les bassins versants du fleuve Prunelli et de la rivière d'Ese, est le plus grand de Corse (5 km^2). Situé à 550 m d'altitude, au cœur d'une nature verdoyante et d'une forêt de noyers et de châtaigniers, c'est un site de toute beauté, apaisant et sauvage, bordé de peupliers géants. De mai à septembre, le Centre Nautique de Tolla permet la pratique d'une large gamme d'activités. On peut y louer à la demi-heure, à l'heure, ou à la demi-journée pédalos, canoës, kayaks, stand up paddles et même des barques de pêche. Il faut dire que le lac de Tolla attire les pêcheurs qui viennent traquer, depuis ses berges ou sur l'eau, brochets, sandres, perches, carpes, gardons, silures... Ce site de nature sauvage est une destination appréciée des Ajacciens qui viennent y passer la journée avec un pique-nique. Deux bars-restaurants de type paillote et une petite boutique de plage sont implantés à proximité du parking. À l'exception du canot de surveillance, aucun engin motorisé n'est autorisé sur le lac. Sur les hauteurs, le village escarpé et préservé de Tolla mérite une visite.

SENTIERS DU LITTORAL

Le littoral corse est une succession de joyaux naturels et de paysages à couper le souffle. En bateau, vous en avez une vision et une version somptueuse depuis la mer. Mais pour vous imprégner de cette nature et de cette beauté, rien de mieux que la marche. Cheminer le long des côtes permet de prendre la mesure d'une nature marine exceptionnelle. Pour cela, vous pouvez suivre les sentiers du littoral ou les sentiers des douaniers balisés qui bordent l'île. Des dizaines d'itinéraires répertoriés sur le site du Conservatoire du littoral vous permettent de découvrir les sites les plus enchanteurs de la Corse maritime. Au départ de Saint-Florent ou de Bonifacio, d'Ajaccio ou d'Aléria, vous pouvez partir arpenter les chemins du littoral, de plage en crique, de promontoire en presqu'île, avec en prime des spots où plonger dans la grande bleue.

Vous croisez des tours génoises, de petits ports de pêche, des paillotes, des centres nautiques, pour une expérience magique entre terre et mer. Marcher à travers le maquis, le long des falaises, en bordure d'une plage ou à travers les côtes rocheuses et plonger ses yeux dans la mer offre, au fil des saisons, des ambiances et des sensations toujours renouvelées.

LES PISCINES NATURELLES DU CAVU

Plusieurs sites naturels dans les vallées, le long des rivières, offrent des piscines naturelles appréciées en été pour se baigner en eau douce. Heureuse alternative à la plage. Solenzara, Fango, gorges de la Restonica, Cascades des Anglais, Zoza... Coup de cœur pour celles du Cavu. Au sud de l'île, à quelques kilomètres de Porto-Vecchio, les piscines naturelles du Cavu sont l'un des joyaux du massif des aiguilles de Bavella. Un spot idéal pour une baignade en famille. Elles sont trois à se succéder, reliées par des cascades. Voici un espace naturel ludique dont les eaux toujours fraîches sont appréciées en plein été alors que sévit la canicule. Eau turquoise et petites cascades au cœur d'une nature sauvage suffisent au bonheur. Le jeu consiste également à suivre la rivière en sautant de rocher en rocher. Pour cela, n'oubliez pas vos chaussures d'eau car la roche est glissante ! Au départ de la piste pour les piscines naturelles du Cavu, vous trouvez le sympathique bar-restaurant des 3 Piscines.

LES EAUX MINÉRALES

Vous trouvez en Corse des fontaines d'eau potable dans les villes, les villages et le long des routes. Vous avez aussi le choix des eaux minérales corses. Il faut dire que la Corse, île montagneuse, dispose d'une importante réserve d'eau dont une partie est captée et mise en bouteille. De Castagniccia, vient l'eau Orezza. En Balagne, la Zilia jaillit du Monte Grosso et dans le Sud coule l'eau de Saint-Georges.

- L'eau de Zilia est la plus consommée en Haute-Corse. Pour commander cette eau des montagnes, prononcez Dzilia. L'eau de Zilia a même désormais une version pétillante enrichie en gaz carbonique après captation.

- L'eau Saint-Georges, avec son élégante bouteille au bouchon noir dessinée par Philippe Starck, fut le premier succès industriel dans le domaine des eaux minérales corses. La source est captée sur les hauteurs du col Saint-Georges, point de passage entre les régions d'Ajaccio et de Propriano.

- L'eau d'Orezza, très riche en fer, sort naturellement gazéifiée. Comme la plupart des eaux ferrugineuses, elle fut initialement exploitée pour ses vertus curatives. Un robinet en libre service à l'extérieur de la célèbre vasque des sources d'Orezza permet de s'abreuver.

TOP 3 SITES NATURELS SPECTACULAIRES

En Corse, c'est la nature qui fait le spectacle ! Les côtes de granit et les plages de sable fin, les roches sculptées et les gorges creusées par les torrents composent des paysages fantastiques qui réjouissent les habitants au quotidien et attirent à eux seuls des milliers d'amoureux d'une nature exceptionnelle.

LES FALAISES DE BONIFACIO

Ce paysage est emblématique de la Corse, symbolique de Bonifacio et du sud de l'île, spectaculaire et enchanteur. Intégré au Conservatoire du littoral, les falaises calcaires bonifaciennes encadrant la Haute-ville et le goulet de Bonifacio. Pour admirer les plus hautes falaises partez vers l'est, du Campu Romanillu jusqu'à Pertusatu. Ici la sécheresse et la violence du vent composent une végétation basse et souvent épineuse. Détachés de la falaise, vous observez un célèbre îlot, qui est en fait un immense rocher détaché de la falaise et tombé dans la mer, connu sous le nom de U Diu Grossu (le pouce) également surnommé le Grain de sable. Le sémaphore et le phare de Pertusatu orientent et surveillent les navigateurs dans ce détroit dangereux, parsemé d'écueils et de hauts-fonds. Vers l'ouest, le chemin de la Strada Vecia passe entre de hauts murs sous un couvert de maquis. Au pied des falaises s'enfoncent des grottes marines, dont la fameuse U Sdragunatu aux eaux d'un bleu unique. Dissimulée par deux îlots, on découvre l'entrée de la crique du Faziò.

Bonifacio.

LES ÎLES LAVEZZI

A 10 km au sud-est de Bonifacio, baignant dans une mer turquoise et émeraude, l'une des plus claires de Corse, cet archipel granitique de 23 îles, îlots et récifs représente le site le plus méridional de la France métropolitaine. D'une superficie émergée d'environ 200 ha, l'archipel des Lavezzi se situe dans les Bouches de Bonifacio. Prenez le bateau à Bonifacio pour découvrir ce territoire préservé. Prévoyez une journée entière. Depuis le port de Bonifacio, vous pouvez prendre la navette ou louer un bateau, un jet-ski, partir en voilier ou en kayak depuis Piantarella. En plus de Cavallo, habitée et qui ne fait pas partie de la réserve, Piana, Lavezzo et l'îlot de la Sémillante, sont les seules îles de l'archipel où le débarquement de personnes est autorisé. Les îles Lavezzi, riches d'une flore et d'une faune remarquable, ont été constituées en réserve naturelle en 1982. Depuis 1999, elles font partie de la réserve naturelle des bouches de Bonifacio et sont intégrées, avec le parc italien de la Maddalena, dans le parc marin international des bouches de Bonifacio. Et à ce titre, une règlementation en limite l'accès pour réguler la pression humaine sur le milieu naturel.

VALLÉE D'ASCO

Située au cœur du parc naturel régional, la vallée d'Asco, avec sa rivière et ses gorges encaissées bordées de hautes cimes à plus de 2 000 mètres d'altitude, est l'une des plus belles de Corse. C'est assurément un site aux paysages spectaculaires. Asco, c'est à la fois une vallée, un village, un torrent, des gorges, une forêt, un écoparc (en projet) et même, pour finir, un cirque ! La haute vallée abrite une faune alpine aux espèces de montagne dont le gypaète barbu, l'aigle royal, la sitelle ou encore l'emblématique mouflon. Quant à la basse vallée de l'Asco, qui débouche dans la vallée du Golo au nord de Ponte Leccia, elle est colonisée par le maquis.

Vallée d'Asco.

Cette vallée est appréciée des randonneurs et des grimpeurs. Les fameuses piscines naturelles de l'Asco, dont celles situées près du célèbre pont génois d'Asco, attirent les baigneurs en été. Au printemps, avec la fonte des neiges, l'Asco est également très prisée des kayakistes. S'ajoute un parc aventure spectaculaire avec via ferrata et tyroliennes géantes.

MARIE-LAURENCE CIPRIANI, L'ART ET LA MER

Comme beaucoup de jeunes Ajacciens, Marie-Laurence Cipriani a quitté l'île pour suivre ses études sur le continent. Puis, cette étoile filante a beaucoup voyagé, vécu dans 5 pays et en a découvert une quarantaine d'autres avant de revenir en Corse et de s'engager pour la protection de l'univers marin. « Paradoxalement, les habitants de l'île ne sont pas très intéressés par la mer. C'est notre élément naturel, elle fait partie de notre quotidien, mais nous n'avons guère de curiosité pour elle. Récemment, j'ai eu l'opportunité de partir en expédition en catamaran pour la première fois et la navigation fut une révélation. » Dès lors, sa volonté s'affirme de protéger la Méditerranée, connue comme la mer la plus polluée du monde. Co-fondatrice de One Day In The Mediterranean, présidente de l'association Follow Me Production aux côtés de Franck Fougère, réalisateur passionné du monde des océans, elle a trouvé sa voie. Il s'agit de sensibiliser à la protection de la biodiversité marine et d'œuvrer à la préservation de la faune et de la flore méditerranéenne. Marie-Laurence réalise des documentaires lors d'expéditions en mer avec des équipes hybrides. « Nous embarquons vidéastes, photographes, plasticiens, et des scientifiques, océanographes, naturalistes, tous plongeurs, pour composer des documentaires militants et inspirés. Au fil de l'eau, il y a tant à faire ! Regarder l'horizon, relire Apollinaire et plonger dans des univers sous-marins fantastiques, au large ou en suivant le littoral. »
www.followmeproduction.com

© NOAK

Marie-Laurence Cipriani.

TOP 3 DES SITES PROTÉGÉS

En raison de leur richesse et de leur fragilité, plusieurs biotopes corses bénéficient de mesures de protection. Il s'agit de préserver des milieux menacés afin d'en sauvegarder les espèces animales et végétales. Les milieux concernés sont en grande majorité des zones humides non seulement marines mais aussi d'eau douce. La mer et les côtes, les lacs et les rivières, les tourbières et les lagunes regorgent d'espèces d'une grande variété. Les milieux lagunaires à la limite entre les eaux salées et les eaux douces sont particulièrement riches en la matière. Parc naturel et réserve naturelle assurent la protection de ces milieux exceptionnels.

PARC NATUREL MARIN DU CAP CORSE

Le Parc naturel marin du Cap Corse et de l'Agriate – Parcu naturale marinu di u Capicorsu è di l'Agriate – a été créé en 2016. Il s'étend du nord de Bastia, à l'est, jusqu'à Belgudè en Balagne, à l'ouest. L'Office français de la biodiversité assure la gestion de cette aire marine protégée en garantissant l'équilibre entre les enjeux environnementaux et économiques maritimes du territoire. Le Parc englobe, notamment, la réserve naturelle des îles du Cap Corse, ainsi qu'une vaste portion de zone économique exclusive jusqu'aux eaux limitrophes italiennes, au cœur du Sanctuaire Pelagos. Avec ses 6 830 km^2, c'est le plus grand parc marin de France métropolitaine, fort d'un linéaire côtier de 225 km. Les espaces marins et littoraux sont des milieux riches et variés où vivent et se reproduisent de nombreuses espèces alors que d'autres y font chaque année escale pour reprendre des forces durant leur trajet migratoire. La faune et la flore s'épanouissent en profitant de la diversité des habitats : herbiers de posidonie, coralligène, rhodolithes, canyons, micro-estuaires, atolls de coralligène... Le Parc s'attache à mieux connaître le milieu marin, le protéger et soutenir un développement durable.

FONDS MARINS

La Corse est une destination appréciée des plongeurs compte tenu de la richesse de ses fonds marins. Le décor s'articule autour de grottes, dalles, failles et monts où l'on observe facilement des mérous, des mostelles, des sars et bien d'autres espèces de poissons et de crustacés, d'algues et de végétaux. C'est un foisonnement de vie sous-marine.

RENCONTRE AVEC BÉNÉDICTE SISCO, DÉLÉGUÉE DE RIVAGES CORSE POUR LE CONSERVATOIRE DU LITTORAL

Vous êtes en charge du Conservatoire du littoral pour la région Corse, quel territoire cela représente-t-il ?
En Corse, le Conservatoire du Littoral totalise 21 000 ha dont 6 000 ha pour le site de l'Agriate (le plus vaste espace protégé du littoral), 2 600 ha pour le magnifique site de Campomoro, perle du Valinco, et autant pour l'espace protégé de la Testa-Ventrilègne avec les zones humides du fond du golfe de Ventilègne jusqu'à la baie de Figari. Enfin, du site des Falaises de Bonifacio jusqu'à Propriano. Nous visons pour 2050 une surface de 38 000 ha protégés.
Le Conservatoire du littoral fait l'acquisition des terrains à protéger ?
Oui, c'est cela. La France a choisi de préserver une part significative d'espaces naturels littoraux et de les rendre accessibles à tous. Pour cela, l'État a créé en 1975 le Conservatoire du littoral, établissement public chargé d'acquérir des parcelles de rivages menacées par l'urbanisation ou dégradées pour en faire des sites restaurés, aménagés et accueillants, dans le respect des équilibres naturels.
Où trouve-t-on la biodiversité la plus riche et comment la protéger ?
Au sein des milieux associés comme les deltas et les lagunes, où se rencontrent eaux marines et eaux douces. Il s'agit aussi de contenir le maquis par des pratiques agricoles comme le pâturage qui empêche la fermeture des paysages et la diminution de la biodiversité. Notre mission est aussi de sensibiliser les riverains et les visiteurs, en favorisant certaines pratiques agricoles, en menant des études scientifiques pour une meilleure connaissance des menaces qui pèsent sur ces milieux menacés. En observant les conséquences du réchauffement climatique aussi. Par ailleurs, nous ouvrons et entretenons les sentiers du littoral, comme le sentier des douaniers qui chemine sur 35 km dans l'Agriate. Nous avons créé le sentier de Campomoro. Bien d'autres permettent de découverte des paysages et des milieux du littoral exceptionnel, dans la baie d'Ajaccio, à la découverte des étangs de la Côte Orientale, etc. Nous pouvons compter sur 60 gardes, naturalistes engagés et fins connaisseurs de leurs territoires, qui mènent ces missions avec expertise.
www.conservatoire-du-littoral.fr/105-delegation-de-rivages-corse.htm

© NOAK

Bénédicte Sisco.

À Calvi, la Station de Recherches Sous-marines et Océanographiques, base scientifique située à la pointe de la Revelatta, forme une centaine d'étudiants en biologie marine qui observent le plus grand écosystème de la planète. On peut observer la posidonie, vaste prairie sous-marine, poumon de la Méditerranée, refuge pour de nombreuses espèces dont la grande nacre et la grande cigale de mer. Cet herbier marin fait office de nurserie avec 3 tonnes de petites bêtes par hectare. La daurade, seul poisson végétarien, y broute en troupeau. Le rouget nettoyeur de l'herbier en fouille le sol, la girelle le suit pour récupérer les miettes, et la grande murène vient s'y cacher. On peut observer des hippocampes et l'anémone de mer qui n'est pas une fleur mais bien un animal.

LES POZZINES DE COSCIONE

Héritage de l'ère glaciaire et biotopes spécifiques aux montagnes corses, les pozzines ou pozzi – du terme *pozzi*, trous d'eau en Corse – sont des pelouses très denses et parsemées de puits remplis d'eau. Ces zones humides précieuses et protégées sont d'une grande richesse en biodiversité. Ce milieu abrite notamment des animaux endémiques dont l'euprocte de Corse, de la famille des salamandres, et la truite macrostigma. La Corse abrite trois sites de pozzi : les pozzi du lac de Nino, les pozzi du Renoso (Val d'Ese) et les pozzines du plateau du Coscione, au cœur du massif de l'Alta Rocca, les plus connues. Ce dernier site est accessible à pied depuis Quenza. Le sentier croise des bergeries et parfois des cochons et des chevaux sauvages en liberté dans cet environnement préservé. En tant que tourbière, la pozzine joue un rôle bénéfique dans la régulation du débit des cours d'eau lors de la sécheresse estivale, ainsi que pour l'alimentation du bétail lequel contribue en retour à leur maintien. Toutefois, le piétinement répété des pozzines par les troupeaux et les promeneurs, et l'eutrophisation de l'eau liée aux déjections animales peuvent poser problème. Il convient de suivre les consignes de préservation.

Les Pozzines de Coscione.

TOP 3 DU PATRIMOINE

Édifices défensifs, édifices religieux, phares, maisons d'Américains, sépultures monumentales, le patrimoine architectural corse décline les époques arborant des styles liés aux influences de différentes dominations. Les Génois, les Sardes, les Phocéens, les Étrusques, les Carthaginois qui se sont succédé sur l'île ont laissé un héritage et un métissage qui composent des paysages urbains d'une grande richesse. Quelques joyaux sont à mettre en avant notamment l'une de ces tours génoises, spécificité corse, qui composent un collier de perles autour de l'île.

PHARE DE SENETOSA

Dernier phare construit en Corse, le phare de Senetosa est également le plus isolé (5 km de marche pour l'atteindre). Son architecture à deux tours est unique en France. Il a été édifié suite au naufrage d'un navire prestigieux, en 1887. Celui-ci avait heurté les brisants des récifs des Moines. Il s'agissait de signaler clairement les écueils fatals. L'une des deux tours signale le littoral d'une lumière blanche et l'autre marque d'une lueur rouge les brisants qui ont fait sombrer le Tasmania. Dès 1892, ses feux indiquent aux navigateurs la côte meurtrière. Jusqu'à la moitié du XXe siècle, le phare est habité par les gardiens et leurs familles en autarcie et dans un grand isolement. Les femmes et les enfants sont en charge du potager et des animaux. Le gardien assure l'entretien et la maintenance des feux. Les familles quittent le phare dans les années 50, remplacées par une équipe de trois vigies qui se relaient. Finalement, en 1988, les optiques sont automatisées. Toutefois, un gardien demeure jusqu'en 2008. Réhabilité sous la houlette du conservatoire du littoral, il fonctionne désormais comme refuge pour les randonneurs et les kayakistes, pour une nuit ou deux. Un site exceptionnel !

PONT ALTIANI SUR LE TAVIGNANO

Entre le XIIIe et le XVIIe siècle, suite à l'occupation de l'île par Pise et Gênes, de nombreux ponts en pierre furent édifiés en Corse pour favoriser les échanges économiques. Ceux-ci se caractérisent par un dos-d'âne et une ou plusieurs arches supportant un tablier étroit dont la largeur correspondait au croisement de deux mulets bâtés. Le pont génois originel sur le Tavignano construit au XIVe siècle, emporté en 1697 par une crue de la rivière, a été remplacé par le pont à trois arches actuellement visible, sur ordre du gouverneur Ambroggio Imperiale par 4 maîtres maçons et inauguré en 1698.

Fontaine-Abreuvoir.

L'édifice fut élargi en 1780 par encorbellement des parapets, sans modification de son architecture, en prévision du charroi. Dès lors, c'est un nœud de passage entre le centre de la Corse et la mer, entre Corte et Aléria. En 2011, juste à l'aval de cet ouvrage d'art historique, un nouveau pont de franchissement sur le Tavignano, à deux voies, adapté à la circulation routière actuelle, a été construit. On peut emprunter à pied l'ancien pont et découvrir la chapelle classée située à proximité. Le site donne accès à un lieu de baignade.

A FUNTANONA, FONTAINE-ABREUVOIR

Cette monumentale fontaine couverte est impressionnante. À l'orée du village de Loreto, site panoramique sur la Casinca qui vaut à lui seul le détour, cette fontaine-abreuvoir arbore trois arcades en moellons de schiste et totalise six canons d'eau de bronze à mufle de dauphin qui déversent de l'eau claire et fraîche abondante toute l'année. Captée directement à la source sous le sol, cette eau est potable. Les cyclistes et les randonneurs sont nombreux à venir y remplir leur gourde. Bâtie au milieu du XIXe siècle pour abreuver les troupeaux, elle voyait les bergers arriver très tôt chaque matin avec leurs animaux, selon un ordre de passage strict. Avec un débit remarquable de 100 litres/seconde, la funtanona alimente de son trop-plein le lavoir municipal de pierre quelques mètres plus bas, ainsi que les rigoles, le long de la route, jusqu'à Vescovato pour irriguer les jardins. Cette fontaine publique aujourd'hui classée a bénéficié d'une rénovation en 1876. S'ajoute une fontaine d'eau potable classique sur l'immense et magnifique place du village.

TOP 3 DES SAVEURS AQUATIQUES

La Corse étant une île, recèle des produits d'exception et des plaisirs gastronomiques liés à la mer. S'invitent aussi dans l'assiette les poissons d'eau douce et les crustacés des étangs. Voici une sélection qui valorise quelques productions et ressources locales d'exception. Bien d'autres viennent enrichir et inspirer les chefs. Nous ne pouvons que vous conseiller de déguster et faire provision des cinq produits présentés ci-dessous.

POUTARGUE DE CORSE

Comme avec la truffe ou le caviar, soit on adore, soit on n'aime pas du tout ! Surnommée « caviar de la Méditerranée », la poutargue (ou boutargue) de Corse est élaborée à base de poches d'œufs de mulet sauvage, *Mugil Céphalus*, recueillies lorsque les femelles sont pleines, en Méditerranée ou dans l'océan Atlantique, selon la saison. Ainsi peut-on déguster ce produit de luxe tout au long de l'année. Chaque poche d'œufs est nettoyée, puis salée et séchée.

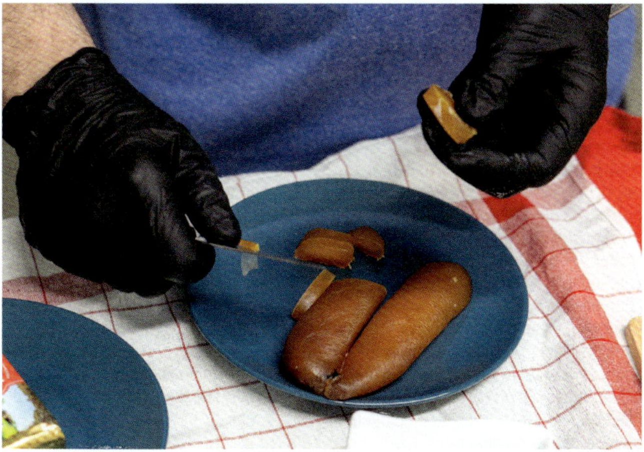

© NOAK

Poutargue de Corse.

La poutargue se déguste à l'apéritif, coupée en lamelles sur du pain beurré ou soit cuisinée, râpée sur des pâtes fraîches ou pour farcir des moules, par exemple. La poutargue régale les papilles des amateurs de saveurs iodées. Très forte en goût, elle enchante la cuisine du soleil et de la mer. Spécialité du bassin méditerranéen, la poutargue est produite et consommée en Égypte, en Italie, en Grèce, au Portugal, en Sardaigne ou encore en Tunisie.
En Corse, quelques producteurs artisanaux maîtrisent sa fabrication à merveille. Donc demandez la poutargue corse !

MOULES DE DIANA

Sur la côte orientale, à proximité d'Aléria, l'étang de Diana est le plus profond des étangs corses avec ses 11 mètres de profondeur et l'un des plus vastes avec ses 570 hectares. Zone protégée, cette lagune offre une eau douce de grande richesse nutritive et une grande biodiversité. Poissons et oiseaux aquatiques y prospèrent. Ici, des conchyliculteurs produisent des moules et des huîtres *Nustrale di Diana*. Sous l'empire Romain déjà, cette production était exportée vers Rome. Sous domination génoise, s'ajouta la production de poisson séché. Aujourd'hui, l'étang fournit 800 tonnes de moules par an et environ 80 tonnes d'huîtres ainsi que des poulardes. Les moules de l'étang de Diane sont récoltées au printemps et en été.
Ce sont des moules charnues, colorées et de saveur délicate. Elles sont à la carte du restaurant sur pilotis de l'étang et de nombreux restaurants de l'île. On peut les acheter en direct chez les conchyliculteurs de l'étang. Testez les moules de Diana cuisinées au citron et à l'orange. Un régal !

LA TRUITE ENDÉMIQUE

Sous-espèce de la truite commune ou fario (Salmo trutta), la truite de Corse (Salmo trutta de type macrostigma), est une truite sauvage endémique décrite pour la première fois par Duméril en 1858. Elle se distingue des autres truites (souche de fario atlantique) et l'arc-en-ciel qui ont été introduites par l'homme. La truite corse arbore une robe sombre parsemée de taches rouge vif ou orangées craquelées, plus ou moins grosses. La taille de ses taches varie selon les cours d'eau et le bassin versant. Elle vit en rivière et en altitude. C'est une espèce menacée plus par l'hybridation avec d'autres espèces importées que par les prélèvements de la pêche. C'est une truite relativement difficile à pêcher et il faut chercher des zones difficiles d'accès et coupées de la rivière. L'isolement par des obstacles infranchissables, comme les cascades, permet la prolifération de phénotypes particulièrement spectaculaires. Dans les restaurants et sur les étals, vous trouverez plutôt des truites arc-en-ciel d'élevage. La truite se cuisine à la poêle, légèrement farinée et grillée, ou au four. En Corse, on ajoute des herbes du maquis et on arrose d'huile d'olive de Corse.

TOP 3 DES ACTIVITÉS

Sur l'eau, sous l'eau, dans l'eau, eau de mer ou eau des lacs et des rivières, le terrain de sport et de jeu est vaste et varié en Corse pour les pratiques aquatiques. L'île est réputée pour ses spots de plongée sous-marine et de surf, pour la pratique de la voile ou du canyoning. S'ajoutent les glisses modernes et des sports plus doux, sans oublier, cerise sur l'eau de mer, les plaisirs et les bienfaits de la thalasso.

PLAISANCE

L'ensemble du littoral corse est propice à la navigation de plaisance. Les marins aguerris, et dans de bonnes conditions de vent, peuvent boucler leur tour de l'île à la voile, soit 1 000 km, en deux semaines. La Corse attire les navigateurs, aguerris ou moins aguerris, avec ses mouillages en eau claire dans de petites criques sauvages ou des anses ourlées de plage. L'île est connue pour autoriser le jumelage des plaisirs de la navigation et des escales de charme. Près d'une vingtaine de ports de plaisance accueillent les bateaux des particuliers. Glisser au fil du vent sur les eaux corses est un vrai bonheur ! À la barre, capitaine de votre embarcation, mais aussi sur le pont d'un catamaran loué avec son skipper, en bateau-croisière, en simple navette touristique jusqu'à une île ou à la découverte des sites protégés les plus spectaculaires de l'île, les plaisirs de la navigation sont nombreux et variés sur les eaux marines de Corse. On peut même naviguer avec bonheur sur les lacs sauvages comme le lac de Tolla.

© B.BOUVIER - STOCK.ADOBE.COM

PLONGÉE SOUS-MARINE

Escapade magique dans le monde du silence... La Corse est une destination connue pour la plongée sous-marine. Avec un environnement protégé, les eaux du littoral corse se distinguent par la présence d'une faune et d'une flore exceptionnelles. En prime, vous avez la possibilité d'une immersion dans le passé en visitant des épaves. Les plongeurs confirmés apprécient le professionnalisme des clubs et centres locaux, notamment lors des plongées techniques (plongées profondes, utilisation de mélanges spéciaux...) et pour découvrir les meilleurs spots. Les novices peuvent pour leur part bénéficier d'initiations et de belles plongées sécurisées. Les côtes de Corse avec leurs falaises escarpées, leurs criques et leurs fonds marins taillés dans la roche abritent une grande biodiversité. Les plongées au sein de véritables sanctuaires naturels offrent des paysages sous-marins exceptionnels. La Corse totalise une centaine de spots réputés. Par exemple : Punta Muchillina (golfe de Porto) riche en corbs, sars, daurades ou denti, les Cathédrales (golfe de Propriano) avec leur relief couvert d'éponges, de gorgones et de corail, « Mérouville » à proximité des îles Lavezzi, célèbre pour sa colonie de mérous ou encore l'épave grouillante de vie d'un bombardier tombé au large de Calvi.

PÊCHE EN EAU DOUCE

Il n'y a pas que la pêche au gros (thon, sériole, denti, mérou, pagre...) en Corse. Les pêcheurs d'eau douce se régalent également en traquant la truite dans les torrents ou plans d'eau de montagne et les carnassiers dans les lacs artificiels. Si ces lacs n'abritaient aucun poisson lors de leur mise en eau, la fédération de pêche s'est depuis attachée à leur donner une richesse piscicole avec la réintroduction de carpes, rotengles, tanches, perches et sandres. Aujourd'hui, les perches et les sandres sont présents dans quasiment tous les lacs de barrages de plaine, abondants mais de taille modeste. On trouve aussi maître Esox en Corse ! Le brochet a été introduit localement dans le plan d'eau de Codole (Balagne). Mais le spot le plus réputé pour la pêche aux carnassiers reste le lac de Tolla, lac sportif assez difficile à pêcher avec ses berges abruptes et ses eaux profondes qui abritent également le silure et le chevesne. Ainsi la pêche sportive en eau douce en Corse offre-t-elle bien des plaisirs.

Lac de Tolla.

RENCONTRE AVEC DAVID DONNINI, DIRECTEUR DU PORT DE PLAISANCE DE SAINT-FLORENT

Vous dirigez le port de plaisance le plus important de Corse. Quelles sont ses caractéristiques et sa capacité ?
Sans chauvinisme, notre port est le plus beau de Corse ! Implanté au cœur du village, au pied de l'église Saint-Anne et des remparts de la Citadelle, il est protégé des vents et offre un mouillage sûr où les plaisanciers apprécient de séjourner. Certains y passent tout l'été sur leur bateau. Les touristes apprécient de déambuler et de flâner le long de ses quais colorés et pittoresques et les plaisanciers, la proximité de magasins d'accastillage et d'alimentation et de boutiques. Nous totalisons 1080 anneaux et pouvons accueillir des bateaux de 48 mètres maximum. Nous sommes complets du 10 juillet à fin août. Ceci dit, nous sommes engagés dans la préservation de l'environnement et bénéficions d'un pavillon bleu. Saint-Florent est fier d'être un port propre où sont en vigueur de nombreuses mesures pour la préservation de la biodiversité. Nous mettons en avant l'attrait de notre plage familiale de la Roya, accessible du centre du village par une passerelle, où s'épanouissent les précieux herbiers de Posidonies, espèce protégée, endémique de la Méditerranée. Ces « bancs » d'algues recouvrent une partie de la plage et constituent un véritable protecteur contre l'érosion du littoral et sont caractéristiques des eaux de bonne qualité.

L'île est très prisée des plaisanciers. Comment obtient-on des places dans un port de Corse ?
Bien entendu, même si un port affiche complet, il y a toujours une place en urgence pour une nuit. C'est le milieu marin tout de même où la solidarité, l'ouverture et une certaine débrouillardise dominent. Mais désormais les places au port, c'est comme dans les hôtels, il faut réserver sur le site Internet des ports de Corse avant d'arriver.

Le port de Saint-Florent a-t-il toujours une activité de pêche ?
Il ne reste que 8 ou 10 pêcheurs au port de Saint-Florent qui bénéficient d'un espace dédié à l'orée du port. Parmi eux, un pêcheur très impliqué dans la pêche durable et le respect du poisson selon la méthode japonaise Ikejime, Damien Muller, issu d'une famille de pêcheurs.
Réservez votre place dans les ports corses : www.resaportcorse.com

© NOAK

David Donnini.

TOP 3 DES FESTIVITÉS

Quelques dates marquent l'année aquatique en Corse, sportives et/ou festives, elles rassemblent les amateurs et les professionnels, les riverains et les touristes. En voici quelques-unes que nous avons sélectionnées, en sachant que concernant les fêtes de la mer et des pêcheurs, elles se déroulent dans plusieurs ports autour de la même date, celle de la Saint Érasme, patron des pêcheurs. S'ajoutent des régates et autres trophées de glisse sur l'eau. La pêche en eau douce a aussi ses rassemblements.

FÊTE DES PÊCHEURS D'AJACCIO (JUIN)

À Ajaccio et dans plusieurs autres ports corses, les pêcheurs fêtent la Saint Érasme, leur saint patron, le 2 juin. On attribue l'origine de ce patronage à un prodige : entouré de fidèles, le futur saint Érasme était en train de prêcher quand un très violent orage éclata. La terreur s'empara de l'équipage, mais Érasme resta d'un calme imperturbable en continuant son prêche, et l'on vit alors au-dessus de sa tête le ciel demeurant dégagé tandis que la foudre tombait tout autour de lui, l'épargnant miraculeusement. La fête de la Saint Érasme, étalée sur trois jours, s'articule autour de concerts, de poissons grillés et d'une procession derrière la statue du saint.

Portage de Saint-Erasme.

© NOAK

Fête annuelle des pêcheurs.

CONCOURS DE PÊCHE AUX CARNASSIERS (JUIN)

Un dimanche début juin, le lac de Tolla accueille le concours régional de pêche aux carnassiers organisé par l'Association Agréée de Pêche et de Protection du Milieu Aquatique (AAPMA) Tolla-Ocana, avec le soutien de la Fédération de la Corse pour la pêche et la protection du milieu aquatique, en partenariat avec les municipalités et la Communauté de Communes de la Vallée du Prunelli. Les animations débutent dès 6h30 du matin avec le tirage au sort des zones de pêche, puis l'initiation à la pêche pour les enfants de moins de 12 ans, le lâcher de truites, la démonstration de pêche à la mouche, l'exposition sur la truite corse, etc.

TOUR DE CORSE À LA VOILE DEPUIS BONIFACIO (10/13 OCTOBRE)

En 2025, la régate fêtera ses 30 ans. En attendant, pour sa 29ème édition, le Tour de Corse à la Voile sans escale ni assistance suit son parcours traditionnel de 250 milles, dans l'esprit sportif et la camaraderie propres aux vrais marins. Départ de la marina de Bonifacio le 10 octobre 2024. Chaque année, si la majorité des bateaux arborent les pavillons français et corses, il y a aussi des marins fidèles venus d'Italie, d'Allemagne, de Belgique, des Pays-Bas, du Luxembourg et même de Suède... Un bel échantillon de marins européens séduits par cette épreuve qui s'apparente plus à une course au large qu'à une classique régate en baie.

Vallée de la Restonica

DÉCOUVERTE

LA CÔTE ET LA MER

Les eaux marines sont indissociables de l'île de Beauté. La mer et le littoral marquent fortement le paysage et l'identité corse. Autour de la mer, plage, baignade, navigation et plongée confondues, c'est un panel d'activités attractives. La Méditerranée reste l'un des atouts majeurs de la Corse en matière de tourisme. Plaisance ou balnéaire, farniente ou sports de glisse aquatique, tous les profils sont possibles ! Bien entendu, côté mer, c'est durant les beaux jours que la saison bat son plein.

SITES NATURELS

Les sites naturels liés à la mer sont indéniablement l'une des richesses de la Corse et participent fortement à son identité et à son pouvoir d'attraction.

Forcément, étant une île, la Corse décline un naturel marin. Baignée par la mer Méditerranée, elle partage avec l'Italie la mer Ligure, au nord, et la mer Tyrrhénienne, à l'est. Le littoral corse décline des côtes et des plages exceptionnelles alternant granit et calcaire, falaises et caps, sable blond, sable noir, galets... S'ajoutent des embouchures et des deltas où se marient les eaux douces venues de la montagne et les eaux marines salées composant un biotope d'une très grande richesse en biodiversité. Autres sites naturels remarquables, les fonds marins corses offrent leur propre richesse biologique, terrain d'étude des scientifiques et régal des amateurs de plongée sous-marine.

ESPACES PROTÉGÉS

La Corse du littoral et de la mer compte plusieurs réserves naturelles et deux parcs marins.

La réserve naturelle de Scandola

Depuis 1975, elle protège 900 ha terrestres et 1 000 ha marins riches en poissons qui voient même des dauphins. Accessible par la mer (vitesse limitée, plongée et pêche interdites), la Réserve de Scandola est classée au Patrimoine mondial de l'Unesco tout comme les spectaculaires Calanques de Piana.

La réserve naturelle des Ilots Finnocchiarola

Cet archipel de trois îlots au large du Cap Corse abrite de nombreuses espèces d'oiseaux aquatiques ainsi qu'une faune et une flore exceptionnelles, accessibles uniquement pendant la haute saison.

La réserve naturelle des Îles Cerbicales

Elle protège un archipel de 6 îles au large de Porto-Vecchio. L'accostage, la pêche et la chasse y sont interdits.

MARION COUTURE, MILITANTE POUR LE LITTORAL

Salariée de la base nautique d'Aléria, kayakiste et naturaliste, bénévole pour nettoyer les berges ou pour participer à l'organisation de rencontres sportives, Marion Couture affiche ses convictions et son dynamisme. Originaire de Provence, elle est arrivée en Corse en 2010 et s'est depuis installée à Aléria et sur la Côte Orientale. Marion est l'une des membres actifs de Terra Vivu, jeune association de protection du littoral méditerranéen et de l'environnement marin qui s'attache à mieux connaître et mieux faire connaître la biodiversité de ce milieu et les menaces qui pèsent sur lui. Formée à l'étude des espaces littoraux, Marion est également diplômée en éducation sportive de la randonnée. Dans le cadre de Terra Vivu, elle propose des randonnées guidées où elle partage ses connaissances du terrain auprès de tous les publics. « Nous proposons plusieurs circuits le long des étangs de Palu, de Diana, Del Sale et sur les sentiers de découverte de Terrenzana, Mare è Stagnu et Urbinu. Nous programmons aussi, depuis le début des années 2010, une fois par an, une opération avec les CM2 d'Aléria et des bénévoles pour nettoyer les plages et les rives du fleuve et des étangs. » Coups de cœur pour son circuit à la découverte des zones humides et artificielles dans les sites du réservoir d'eau d'Alzitone ou de Terrenzana entre maquis, étangs et bord de mer ! Et pour finir, pourquoi ne pas partager une dégustation de moules et d'huîtres de l'étang de Diana ? Les interactions entre les hommes et leur environnement sont aussi à son programme.

Marion Couture.

JÉRÔME POGGI, PÊCHEUR ET CUISINIER ENGAGÉ

Face à la raréfaction du poisson et la concurrence des poissons industriels des grandes surfaces, ils ne sont plus que 160 pêcheurs artisanaux en Corse contre 400 il y a 30 ans. Parmi eux, Jérôme Poggi. Son bateau est à deux pas de « La Cabane du pêcheur », le restaurant réputé et sympathique qu'il anime avec sa compagne sur la plage de Galéria. Ainsi Jérôme Poggi arrive-t-il à combiner ses deux activités favorites : la pêche à la palangre et la cuisine des poissons et crustacés qu'il ramène au port. On lui doit les magnifiques dentis pêchés du jour que l'on retrouve sur la table de La Cabane du pêcheur. « J'ai pu sauver mon bateau de pêche grâce à ce restaurant. En été, celui-ci absorbe tout ce que je ramène de la mer. » La saison touristique terminée, Jérôme Poggi vend sa pêche sur le marché et fournit d'autres restaurateurs de l'île. Jérôme Poggi utilise la technique japonaise de l'ikejime pour tuer ses poissons sans les faire souffrir à l'aide d'un crochet qui détruit les terminaisons nerveuses directement et confère à la chair du poisson une saveur unique. En saison de pêche à la langouste, il va relever ses filets pour ramener les crustacés vivants et les installer dans son vivier. « Ce qui m'importe aussi, c'est de valoriser toute ma pêche, par respect pour le poisson. Pas de rebut, pas de gâchis, je fais des fumets et des soupes de poisson avec les têtes et les arêtes et certains poissons qui semblent moins nobles que d'autres, alors même qu'ils sont riches en saveur. »

Jérome Poggi.

Cependant, vous pourrez la découvrir par l'intermédiaire d'un club de plongée : mérous, congres… peu farouches pour un spectacle inoubliable.

La Réserve Naturelle des Tre Padule de Suartone

Un paradis floristique pour les scientifiques ! Ces zones humides permettent d'étudier la faune exposée à un climat soit sec, soit humide. Des parcours le long du littoral entre Rondinara et Balistra offrent la possibilité de découvrir une grande variété de paysages et de végétation.

Parc Marin International des Bouches de Bonifacio

Ce parc intègre la réserve naturelle des Bouches de Bonifacio, les archipels des Lavezzi, les Cerbicale, les Bruzzi, les Moines, les falaises de Bonifacio… De nombreux sentiers balisés et aménagés permettent de découvrir le site depuis le rivage. L'archipel des Lavezzi est accessible par navette maritime depuis Bonifacio et Porto-Vecchio.

Parc naturel marin du Cap Corse et de l'Agriate

Cette aire marine protégée, gérée par l'Office français de la biodiversité, a pour vocation d'assurer l'équilibre entre les enjeux environnementaux et économiques du territoire.

PATRIMOINE ET TRADITIONS

Les citadelles, les tours génoises, les phares, les sémaphores et les chapelles du littoral corse composent un patrimoine bâti remarquable, souvent classé, qui participe à sa beauté dans une harmonie de culture et de nature. De fait, la mer marque le paysage et les usages depuis des siècles. La navigation se pratique de longue date tout comme la pêche en mer. Les processions dédiées à Saint Érasme, patron des pêcheurs, sont également une tradition vivace en Corse. Toutefois, paradoxalement, les Corses ne sont pas friands de poissons et de produits de la mer, préférant aux produits de la mer ceux de l'élevage sur les terres, charcuteries et fromages à l'appui.

DÉCOUVERTE

Le thème de l'eau concerne l'ensemble de l'île, le long des côtes et au creux des vallées, et impacte toutes les composantes de la vie quotidienne, de l'économie, de l'environnement, du tourisme, de l'agriculture. L'eau marque le paysage des fonds marins aux sources des montagnes, invite aux plaisirs balnéaires, irrigue, abreuve, désaltère, enchante... Voici quelques orientations pour mieux connaître son influence sur l'environnement, la nécessité de sa protection et la manière dont les eaux marines et les eaux vives nous invitent à la pratique d'activités sportives et de bien-être, de nature et de plein air aquatique.

© NOAK

Nautisme nature au lac de Tolla.

SPORTS ET LOISIRS

Les plaisirs aquatiques sont l'une des attractions touristiques de la Corse qui offre au bord de l'eau, sur l'eau ou sous l'eau de multiples plaisirs et activités, particulièrement en belle saison.

Baignade en mer

C'est le loisir phare de la destination pour les touristes. Les plages de sable ou de galets sont nombreuses sur les côtes corses, avec des clubs nautiques, des campings et des paillotes les pieds dans l'eau.

Navigation

Les marinas, les criques et les baies corses attirent les plaisanciers et particulièrement les propriétaires de voiliers, monocoques ou catamarans confondus. Les bateaux à moteur font les beaux le long des quais des ports de plaisance. Avec ses 28 ports et mouillages organisés et environ 7 000 anneaux, la Corse se positionne tout naturellement comme une destination privilégiée pour la plaisance. Souvent situés au cœur des villes, comme à Bonifacio, l'Île-Rousse ou Bastia, les ports offrent un beau point de départ pour découvrir les régions. Et le cabotage est une pratique courante pour les plaisanciers. Pour tous les renseignements pratiques et pour réserver votre place au port (obligatoire), un seul lien : www.lesportscorses.com et une application à télécharger. Vous n'avez pas de bateau ? Vous trouvez dans les ports de nombreux loueurs et de nombreux départs pour des promenades en mer.

MARIE-CLAIRE GADDONI ET SA FAMILLE DU RIVA BELLA

Si le domaine affiche aujourd'hui ses 4 étoiles et une réputation internationale, il le doit au travail acharné de toute une famille. « Mes parents ont acheté cette immense propriété sauvage sur la Côte orientale en 1963. Mon père s'est alors attelé à la tâche pharaonique de la démaquiser pour ouvrir un camping. Celui-ci a rapidement attiré les habitants de la région de Bastia, en été. D'emblée, mon père avait fait le choix du naturisme, autorisé car nous sommes loin de la route et apprécié grâce à sa plage sauvage. Afin d'attirer une plus large clientèle et surtout de pouvoir ouvrir toute l'année, nous avons peu à peu installé les mobil-homes, construit des maisons et finalement un centre de thalassothérapie. Mais l'ambiance est toujours restée familiale. On se souvient de mon père mort centenaire et de ma mère qui excellait en cuisine. Les clients reviennent d'année en année et de génération en génération. Nous-mêmes, nous avons poursuivi l'œuvre de nos parents et mes filles sont aujourd'hui à mes côtés, Maeva est l'un des piliers de la réception et Sabine dirige le centre de thalassothérapie. Nous avons 40 sympathiques lamas qui participent à l'entretien de notre domaine déployé sur près de 70 hectares, une vingtaine d'employés et 600 clients en pleine saison. « Si le camping ouvert en 1965 est l'œuvre de son père, le centre de thalasso, ouvert en 2001, est celle de Marie-Claire qui reste très présente au Riva Bella, qui représente toute sa vie et toute sa famille. D'ailleurs toute la famille vit sur le domaine !

© NOAK

Marie-Claire Gaddoni.

Plongée sous-marine

La Corse est l'une des destinations connues pour la plongée. Avec ses reliefs variés de toute beauté et ses fonds marins riches en biodiversité, l'île recèle des spots de plongée exceptionnels. Parmi eux, on peut citer : Palombaggia, les îles Lavezzi, la marine de Negru et celle d'Albo, la Réserve de Scandola et la Baie d'Ajaccio. Aux portes de la réserve de Scandola, l'Incandu (Galéria) est le plus grand centre de plongée de l'île. Avec ses 6 navires et quelques 25 000 immersions par an, c'est même l'un des plus grands centres de plongée sous-marine en France. De très nombreux centres de plongée s'ajoutent d'un bout à l'autre de l'île.

Pêche récréative

Des dizaines d'associations de pêche existent en Corse et des professionnels vous accompagnent à la pêche au gros au large de l'île pour traquer loups, barracudas, thons et autres poissons méditerranéens. Certaines ressources halieutiques sont toutefois menacées. Ainsi le corb et le mérou, dont les effectifs ont été drastiquement impactés, sont actuellement interdits à la pêche. La pêche depuis les côtes a ses fidèles dès le mois de décembre alors que les loups, tassergals, daurades, dentis se rapprochent des côtes.

Surf

La Corse abrite de nombreux spots de surf qui déroulent de belles vagues dès l'automne et tout au long de l'hiver. Les spots de la côte ouest et du golfe d'Ajaccio sont les plus connus et ceux qui reçoivent le plus souvent la houle. Le spot le plus célèbre reste celui de Capo di Feno, près d'Ajaccio, qui voit plusieurs beach breaks (présence d'une école de surf en été). Dans Le golfe au nord d'Ajaccio, les spots les plus fréquentés sont à Calcatoggio (technique !) et Sagone. Le golfe du Valinco offre aussi de belles conditions. Les plages de Propriano voient déferler les plus belles vagues sur la grande plage de l'Arena Bianca jusqu'à Portigliolo ou la plage de Tizzano. Moins fréquentée par les surfeurs, la côte orientale réserve de belles surprises sur les plages de Pinarello et la région de Sainte Lucie de Porto Vecchio. S'ajoutent les embouchures des rivières qui donnent de jolies vagues hivernales. Le Cap Corse abrite quelques vagues surfables. C'est à Grisgione, au nord de Bastia, que le célèbre shaper insulaire Jean Valère Bordenave a installé son camp de base et son école/location.

Et les autres glisses nustrales

Il y a aussi les glisses paisibles à la pagaie, en stand up paddle, avec ou sans apéritif, ou en canoë-kayak. Les activités tractées, elles, poursuivent leur diversification. L'ancestral ski nautique est détrôné par le wakeboard, le wakesurf et autres bouées tractées… S'ajoutent les disciplines qui prennent le vent, les classiques voile et planche à voile, et les modernes comme le wind-surf ou le wind-foil. La Corse n'a pas raté le train de ces nouvelles glisses branchées. Les centres nautiques offrent la possibilité de pratiquer, de s'initier, de se perfectionner, de s'affronter dans ces disciplines qui ont le vent en poupe. Les spots de windsurf/kitesurf sont souvent les mêmes que ceux du surf, comme à Algajola, Bodri, la Légion, Ostriconi et les Agriates ou encore la région de Saint-Florent et la base du Cap.

RENCONTRE AVEC JO VRIJENS, PRÉSIDENT DU COMITÉ RÉGIONAL CORSE DE LA FFESSS

Originaire de Maastricht aux Pays-Bas, comment êtes-vous arrivé à devenir la référence numéro un de la plongée en Corse ?
Je plonge en Corse depuis 1980. J'ai suivi une formation d'ingénieur aéronautique et je postulais pour un emploi à Toulouse lorsqu'on m'a demandé de relancer le centre de l'Incantu à Galéria. J'ai choisi la Corse et la plongée ! Depuis, je m'investis dans cette mission avec beaucoup de satisfaction. Aujourd'hui, notre centre de l'Incantu est le plus important de l'île.

Si la plongée en Corse n'est pas une activité ancestrale, elle semble s'être largement développée au cours des dernières décennies.
Il y a aujourd'hui plus de 80 structures de plongée en Corse et 6 écoles de plongée. Toutefois, sur les 155 000 licenciés en France, nous avons seulement 3 000 licenciés en Corse. Les Corses ne plongent pas, ils représentent à peine 10% des plongeurs en Corse. Traditionnellement, les Corses travaillent la terre et se méfient de la mer d'où viennent les pirates et les envahisseurs. Même la pêche n'est pas une activité traditionnelle, ce sont les Sardes qui pêchent dans les eaux corses. Nos moniteurs et nos salariés ne sont pas originaires de Corse. Toutefois, la nouvelle génération se tourne plus vers la mer. Récemment, nous avons signé une convention avec l'UNSS, Union nationale de Sports Scolaires, pour l'initiation et la pratique de la plongée pour les scolaires corses. Alors les choses évoluent.

Aujourd'hui, le centre de plongée de l'Incantu est connu de tous les plongeurs de Corse ou venant en Corse pour plonger. C'est un site magnifique à l'ambiance très appréciée. Et d'autres sites sont à découvrir.
Sur les hauteurs de Galéria et de sa côte sauvage, notre centre bénéficie d'un bel espace et d'un écolabel. Les plongeurs en stage ou en formation peuvent résider sur place, ceux qui viennent à la journée apprécient nos espaces lounge et restauration. Mais ce sont surtout nos plongées qui sont attractives. Au large de Galéria, nous avons les plus beaux sites de plongée de l'île. De Calvi à Cargèse, à l'orée de la réserve de Scandola, nous totalisons une centaine de sites de plongée où observer une biodiversité exceptionnelle. Vous trouvez par ailleurs sur le site du comité régional Corse de la Fédération Française d'Études et de Sports Sous-Marins (FFESSM), les coordonnées des différents clubs disséminés tout au long du littoral, la législation en matière de plongée, les possibilités de formation, etc : www.ffessm-corse.com/ www.incantu.com.

© NOAK

Jo Brijens.

L'EAU DOUCE ET L'EAU VIVE

La Corse aquatique se décline aussi en version eau douce. Eau claire, eaux vives, eau des lagunes et des lacs, des torrents et des fleuves. Eaux minérales et eaux thermales bienfaisantes. Vous avez le choix entre toutes ces eaux douces et variées qui baignent l'île et composent des paysages et des biotopes de charme. Dans les gorges profondes, dans un écrin de crêtes rocheuses, dans les embouchures langoureuses, le long des berges et des zones humides précieuses. C'est l'occasion d'observer des nénuphars et de rares salamandres, des oiseaux colorés et des roselières. Cette mosaïque sans sel n'a finalement rien à envier aux séductions marines…

SITES NATURELS

Certains espaces naturels sensibles bénéficient de mesures de protection. Il s'agit principalement en Corse, comme sur le continent, de zones humides, représentant une grande variété de systèmes aquatiques : étang, marais, lagune, mare, lac, tourbière… D'origine naturelle ou créées par l'Homme comme c'est le cas des étangs piscicoles, beaucoup de ces zones humides sont classées et protégées pour être des réservoirs de la biodiversité remarquable et menacée. De nombreuses espèces d'oiseaux et de poissons s'y reproduisent. En Corse, cinq zones humides sont reconnues comme d'importance internationale par la Convention de Ramsar : les étangs de Biguglia, d'Urbino et de Palo, les mares temporaires des Tre Padule de Suartone, ainsi que la tourbière de Moltifao. Les deltas des fleuves, de grande richesse

Réserve de l'étang de Biguglia.

aussi, sont intégrés au conservatoire du littoral. On peut citer :

Le site naturel de Terrenzana
Sur la côte orientale, l'étang de Terrenzana est une zone protégée par le Conservatoire du littoral. Il est ouvert au public qui bénéficie d'un sentier pédestre entre mer et maquis, d'un belvédère et d'une cabane d'observation, dans un environnement sauvage.

La Réserve Naturelle de l'Étang de Biguglia
En cheminant sur les sentiers balisés, vous pouvez observer plus de 250 espèces d'oiseaux et près de 350 végétaux !

Quant au **parc naturel régional de Corse**, il prend en compte la forte valeur patrimoniale, paysagère du territoire et sa fragilité, autour d'un projet concerté de développement durable fondé sur la protection et la valorisation de son patrimoine. Il a pour vocation de protéger et valoriser le patrimoine naturel, culturel et humain de son territoire. Déployé sur une large partie de l'île particulièrement en montagne, il intègre de très nombreux lacs et cours d'eau.

PATRIMOINE ET TRADITIONS

La Corse bénéficie d'une ressource en eau abondante. Du moins jusqu'à maintenant ! Le bassin corse totalise 234 masses d'eau superficielles, dont 210 cours d'eau, 6 plans d'eau, 4 lagunes ou eaux de transition et 14 eaux côtières. S'ajoutent 15 masses d'eau souterraines. Si la ressource en eau est abondante, elle s'avère inégalement répartie tant au niveau territorial que saisonnal. Les précipitations sont importantes avec en moyenne 900 mm/an mais se caractérisent par de très fortes variations saisonnières et sont faibles sur le littoral où se concentre la population. En période touristique, l'île voit le doublement de sa population, voire pour certaines micro-régions une multiplication par dix ! Or, on sait que depuis 1970, les débits estivaux ont diminué de plus de 5 % et que la tendance s'accentue. Compte tenu de l'évaporation liée aux fortes chaleurs et de la diminution des précipitations efficaces, il faut s'attendre à une diminution de la recharge des nappes.

Quant au patrimoine bâti lié à l'eau, il s'articule autour des aqueducs, fontaines et fontaine-abreuvoirs, lavoirs et bassins. Monumentales et prestigieuses en ville, les fontaines ornent les places ; romantiques et désaltérantes dans les villages, elles gardent leur vocation de convivialité. Le long des petites routes de montagne on trouve régulièrement des petites fontaines d'eau de source très appréciées.

SPORTS ET LOISIRS

Les eaux douces en Corse, qu'elles soient vives ou calmes, invitent à pratiquer plusieurs activités de pleine nature. Dans les eaux vives : rafting, canyoning, hydrospeed, pêche sportive... Plus tranquille : le paddle sur le lac Tolla ou le canoë à l'embouchure du Fangu, par exemple. À la découverte de la biodiversité : randonnée vers les lacs de montagne ou sur les berges des étangs.

Nautisme lacustre

Le lac de Tolla permet la pratique de plusieurs activités : baignade, pêche, navigation en barque ou pédalo, paddle, etc.

Canoë-kayak

Les embouchures des fleuves offrent des bras où pagayer au calme à la découverte de la faune et de la flore de ces espaces naturels sensibles. Des descentes de rivières et de fleuves font également la joie des amateurs de ces embarcations qui permettent une découverte de l'environnement au fil de l'eau et l'opportunité de se mettre à l'affût de la faune sans la déranger.

Rafting

De nombreux torrents sont propices à la pratique du rafting, activité bien organisée et encadrée par de nombreux professionnels. Ne vous aventurez pas sans préparation. En Corse, cette activité se pratique au printemps et généralement avec un guide à la demi-journée. Vous pouvez affronter le Golo en de fameuses descentes avec des rapides, des seuils et des passages encaissés. Le Tavignano, aux rapides impressionnants entre Corte et Aleria et l'Asco sont d'autres spots de rafting réputés avec de beaux canyons et de belles émotions. On peut citer aussi le canyon de la Vacca ou le canyon de Purcaraccia à Bavella, le canyon Pulischellu depuis Zonza, le canyon de Fiumorbu.

Canyoning

C'est l'une des activités de sport nature les plus populaires de Corse. Il faut que l'île abrite des bijoux de canyons de montagne variés, de tous niveaux de difficulté, et offrant une grande palette de paysages. Parmi les plus prisés des locaux, il y a la Richiusa près de Bocognano, le Zoicu près de Soccia, ou le Tavignano près de Corte. Ce sont des canyons pratiqués par les locaux depuis bien longtemps pour la baignade ou explorés par les pêcheurs à la truite. On pratique aussi sur nombre de sites de canyoning la baignade et la pêche à la truite. Le canyoning touristique en Corse a débuté au début des années 1982. Depuis, le nombre de centres nautiques qui proposent cette activité et le nombre de moniteurs assermentés se sont multipliés. Prudence et préparation sont de rigueur.

Pêche

Une vingtaine de ruisseaux, surtout en Haute-Corse, et une douzaine de lacs, du lac de Tolla au lac de l'Ospedale, permettent aux amateurs de pêche en eau douce de se faire plaisir. Dans les ruisseaux, on traque la truite méditerranéenne et corse, dans les lacs de montagne la carpe, dans les étangs et les marais les anguilles et les coquillages. Les associations de pêche sont nombreuses et les guides de pêche vous dévoilent les bons spots et les bons gestes.

Thermalisme

La Corse n'est pas une destination connue pour son thermalisme. Pourtant, vous pouvez y programmer une cure thermale dans un environnement superbe. Les thermes de Pietrapola, en centre Corse, seul établissement thermal de l'île agréé par la sécurité sociale, viennent de bénéficier de travaux de rénovation. Pietrapola-les-Bains bénéficie de sources d'eau chaude (55°C) sulfurées sodiques et hyperthermales actives contre les rhumatismes, les affections de l'appareil locomoteur, l'arthrite et l'arthrose. Il y a aussi les bienfaits des bains de Caldane et des bains de Baracci.

JACKY SERENI PARTAGE LES EAUX DE CALDANE

Dans les années 1960, le grand-père de son mari a décidé de valoriser une source thermale connue depuis les Romains, au cœur de l'Alta Rocca. Aujourd'hui, Jacky Sereni accueille avec une grande gentillesse les clients venus prendre les eaux chaudes et sulfureuses dans les bassins de granit à ciel ouvert des thermes de Caldane. Du moins en été, car Jacky et son époux Antoine dirigent également une entreprise touristique à Bandol partageant leur temps entre le continent et l'île : « Nous avons baptisé le domaine Rosa de Caldane en mémoire de ma belle-sœur Rosa Sereni, disparue en 1993, emportée par une crue du Fiumicicoli qui endommagea les bains. Rosa s'était beaucoup investie sur ce domaine qu'elle dirigeait et qu'elle adorait. Mon mari s'est attelé à sa rénovation et nous avons poursuivi son œuvre. » Jacky et Antoine ont fait fructifier le centre, inaugurant même une résidence hôtelière à deux pas des thermes, havre de paix dans un écrin de montagne et de forêt. Jacky Sereni est convaincue des bienfaits de l'eau de Caldane qui sort de terre entre 37°C et 38°C, très riche en sels minéraux et oligo-éléments, bienfaisante en dermatologie et rhumatologie et pour lutter contre les maladies de la sphère ORL. On s'y baigne, on la boit et grâce aux efforts et aux recherches de Jacky Sereni on peut bénéficier désormais d'une gamme cosmétique bio à base d'eau de Caldane. La maîtresse des lieux regarde avec bonheur ce petit paradis naturel sans bling-bling et de grande sérénité qu'elle ouvre à sa clientèle.

Jacky Sereni.

LES BONNES ADRESSES

Porto.

PAYS DE BASTIA

Le Cap Corse et sa « capitale » Bastia distillent un charme très particulier. C'est un territoire de Corse à part entière avec ses spécificités et ses richesses. À l'extrême nord de l'île, ce cap est une petite Corse en lui-même, baigné de toutes parts, une petite montagne dans la mer. La citadelle de Bastia, le désert des Agriates, la beauté des fonds marins, son maquis, ses vignobles, ses maisons des Américains composent un superbe tableau. Ici, la mer est sauvage et participe à la richesse de la biodiversité. Les côtes sont assez bien préservées du tourisme de masse et de ces constructions qui défigurent certains spots balnéaires. Quelques joyaux vous y attendent dont le village de Nonza et sa plage de galets noirs, Pietracorbara et son sentier de l'eau vive, le port de pêche de Centuri, le port de plaisance de Macinnagio, départ du fameux Sentier des douaniers. Vous cheminez jusqu'à la plage de Baracaggio, les yeux dans la mer avec vue imprenable sur la réserve des Îles Finocchiarola, en passant par la magnifique plage de Tamarone où vous pouvez faire une escale gourmande au restaurant U Paradisu.

BASTIA ★★★

Depuis la route du col de Teghime, Bastia s'offre soudainement au regard, puis une partie de la plaine côtière se dégage peu à peu avec l'étang de Biguglia, le plus vaste de Corse. Cette vue plongeante révèle une vue superbe sur l'antique capitale de l'île. Simple citadelle au XVe siècle, elle est investie par le gouverneur génois fuyant les marécages de Biguglia. Les gouverneurs occuperont leur Palais qui surplombe le Vieux Port jusqu'à la conquête française en 1768. Autre abord par la mer. Si vous accostez au Vieux Port, vous entrez directement dans l'ambiance de cette ville où l'on prend le temps de vivre.

Bastia.

CAP CORSE CROISIÈRE
Quai du 1er bataillon de choc
✆ 06 79 65 70 78
www.cap-corse-croisiere.fr
contact@cap-corse-croisiere.fr
Ouvert de mi-avril à septembre. 12 passagers maximum. Visite guidée.

Au départ du vieux port de Bastia, montez à bord d'une vedette pour découvrir la ville et le cap par la mer. Votre capitaine et guide, passionné d'histoire et de culture, vous livre les anecdotes et clés historiques de cette terre de marins et d'aventuriers, des traditions maritimes à l'édification des tours génoises. Vous vous dirigez vers la pointe du Cap Corse et ses espaces naturels protégés, découvrez Lavasina et son église, puis la discrète marine de Porticciolo, celle d'Arbalunga, les îles Finocchiarola et l'île de la Giraglia. Pause baignade en prime.

A voir - A faire

ALDILONDA

Ouvert toute l'année. Tous les jours. Gratuit. CB et chèques non acceptés.

Inaugurée fin 2020, la voie douce de l'Aldilonda prolonge en beauté le quai sud du Vieux-Port en serpentant au pied des remparts de la citadelle. Inutile d'être un grand marcheur pour savourer ces superbes 450 m de promenade suspendue à flanc de rocher. Les enfants y imaginent des histoires de pirates, les pêcheurs y installent leurs lignes et les plus sportifs poursuivent leur chemin pour rejoindre la plage de l'Arinella ou remonter dans la citadelle par l'escalier jouxtant la poudrière. Tous ont la délicieuse impression de marcher sur la mer !

SENTIER DES CRÊTES

✆ 04 95 31 02 32
https://destination-cap-corse.corsica/
contact@cc-capcorse.corsica

Ouvert toute l'année.

Ce chemin débute sur les hauteurs du port de Toga, autrefois connu pour son essor industriel, aujourd'hui devenu un port de plaisance apprécié. En quittant la route du cap Corse au niveau de la place Mattei, suivez la route principale et dépassez les panneaux indiquant « chemin de San Rucucciu » et le « Sophros ». Vous arriverez au point de départ du sentier des crêtes indiqué par un panneau. Après quelques efforts, vous découvrirez le charme de l'habitat traditionnel corse du hameau d'Alzeto. Les plus courageux pourront aller jusqu'à Centuri !

Se restaurer

CORTO

Vieux Port de Bastia
rue de la Marine
✆ 04 95 48 52 87
cortobastia@gmail.com

Ouvert toute l'année. Du mardi au samedi de 12h à 24h ; le dimanche de 12h à 15h. Réservation recommandée. Carte : 40 € environ. Plateaux de fruits de mer de 23 à 89 €. Chèque Restaurant. Chaises bébé. Terrasse.

Décoration contemporaine, belle terrasse ombragée, communication léchée : difficile de passer à côté de Corto sans s'y arrêter. A la carte, on trouve essentiellement des produits de la mer. Chez Corto, les crustacés sont cuits au four à charbon après avoir été parfaitement assaisonnés. La carte de fruits de mer est vaste et met l'eau à la bouche. On peut composer son propre plateau. Dans l'assiette, tout est parfait et le service est attentionné. En journée, vous profitez de la terrasse sur le vieux port pour déguster des immenses coupes du célèbre glacier Raugi.

Sports / loisirs / activités

CORSICA SUB

quai de la Madonetta ✆ 07 67 89 71 41
www.corsica-sub.fr
contact@corsica-sub.fr
Ouvert toute l'année. Tous les jours. Baptême de plongée : 75 €, initiation à l'apnée : 60 €, randonnée palmée : 35 € (tarif dégressif pour les familles). CB non acceptée.

Une école de plongée ouverte toute l'année, c'est suffisamment rare en Corse pour que l'on s'y intéresse ! Au départ du Vieux Port de Bastia, embarquez à bord du Napadelis, un semi-rigide qui vous emmènera sur les plus beaux sites de plongée du secteur. Baptême de plongée, apnée, randonnée palmée parmi les mérous et les poissons-lunes... Maud, une monitrice d'exception bien connue des insulaires, se fera un plaisir de vous faire découvrir les fonds marins riches par leur diversité. Un moment hors du temps et probablement la plus belle expérience de vos vacances !

BRANDO ★★

La commune de Brando regroupe plusieurs hameaux dont Erbalunga, appréciée des artistes. Belle tour génoise construite au début du XVIe siècle, époque d'invasions, aujourd'hui emblème de la station balnéaire, première marine à avoir été habitée dès cette époque. À voir le couvent des Bénédictines du XIXe siècle et l'église Saint-Erasme.

© BALATE DORIN – STOCK.ADOBE.COM

Erbalunga.

CALYPSO MARINE

Place, Pian di Fora ✆ 06 25 98 48 19
www.calypso-marine.fr
Plongée autonome à partir de 43 €. Pack découverte 3 plongées de 210 €. Ouvert tous les jours à partir de 7h et jusqu'à 22h. Ouvert d'avril à novembre. Baptême dès 8 ans : 75 € / Randonnée palmée, snorkeling avec guide : 45 € / Exploration encadrée, 1 plongée : 45 € / Plongée autonome, 1 plongée : 43 € / Pack Découverte, 3 plongées : 210 €. CB non acceptée. Chèque Vacances.

Rym et son équipe vous accueillent toute l'année dans le cadre magique du petit port d'Erbalunga. Plongées de l'exploration à la formation. Plongées autonomes, plongées de nuit, plongées sur épaves ou barges de la Seconde Guerre mondiale, éducation à la biologie sous-marine lors de plongées consacrées. Spots à visiter : l'avion P47thunderbolt, l'épave de la canonnière de Insuma, la roche mimosa, l'aquarium, Scoglio, le doigt de Sainte Anne ou le chameau. Du sud de Bastia jusqu'à la pointe nord Giraglia, une ribambelle de beaux sites à découvrir !

JEAN-LOUIS SANGUINETTI, ARTISAN DE LA BOUTARGUE

A l'orée de l'étang de Biguglia, les cousins Sanguinetti, les deux Jean-Louis du prénom de leur grand-père, ont fondé le Comptoir de la boutargue (poutargue), entreprise artisanale de fabrication d'après une recette locale traditionnelle : « Lorsque nous étions enfants, en été, à la plage, on préparait et on mangeait de la boutargue en famille. Nous avons repris la recette de nos grands-pères. » Leur caviar de la Méditerranée est élaboré à partir d'œufs de mulets prélevés délicatement dans leur double poche, salés, rincés et lentement déshydratés pour conserver au produit sa saveur et son moelleux. Longtemps, Jean-Louis et Jean-Louis Sanguinetti produisaient cette spécialité culinaire pour leurs proches et amis. Depuis 2018, dans le laboratoire de Biguglia, Jean-Louis Sanguinetti, abandonnant son travail de géomètre-topographe, se consacre entièrement à la fabrication de la poutargue. L'autre Jean-Louis garde un emploi sur le continent tout en s'investissant dans le volet commercial. Les cousins ont choisi de se fournir en Sardaigne en œufs de mulet sauvage. On trouve la production du Comptoir de la boutargue dans les épiceries fines, supérettes, poissonniers ou écaillers, à Bastia ou Porto-Vecchio et même dans la boutique de Marseille qui lui est dédiée. Quant à l'atelier corse, il ouvre ses portes pour des séances de découverte et de dégustation de cette poutargue appréciée en apéritif, en lamelles avec du pain et du beurre ou un filet d'huile d'olive, comme râpée sur des pâtes.

Jean-Louis Sanguinetti.

FURIANI

Cette commune est dominée par les ruines d'une citadelle construite par les Génois au XVIe siècle. Les premiers habitants vivaient dans le village bâti sur un éperon rocheux, en place forte autour du château de Furiani. De cette forteresse, il ne reste que la tour restaurée par Pasquale Paoli. Furiani abrite la partie nord de l'étang de Biguglia, ainsi que l'étang du Chiurlinu. Au-delà s'étend le cordon lagunaire de la Marana, lieu de promenade et de baignade privilégié des Bastiais. Des hauteurs du village partent plusieurs sentiers de randonnée.

A voir – A faire

ÉTANG DE BIGUGLIA

Ouvert toute l'année. Tous les jours. Gratuit.

Entre la mer et le delta du Golu, cette réserve naturelle abrite le plus vaste plan d'eau de l'île, refuge pour plus de 200 espèces d'oiseaux aquatiques. Mettez-vous à l'affût pour observer les belles couleurs d'un martin-pêcheur, le vol du busard des roseaux et les différents oiseaux migrateurs qui passent par l'étang dont le flamant rose. Vous pourrez parcourir le sentier de découverte de 1,5 km, seul ou accompagné d'un animateur de la réserve qui vous fera découvrir toutes les richesses de cette zone humide à l'équilibre fragile et visiter le nouvel écomusée du Fortin.

Furiani.

Sports / loisirs / activités

BASTIA OFFSHORE FISHING ASSOCIATION

8, parc Impérial

✆ 06 23 15 50 22

www.bastia-offshore-fishing.com

contact@bastia-offshore-fishing.com

Lieu d'embarquement (rdv) :

quai du Premier bataillon de choc, Vieux-Port de Bastia, 20200 Bastia.

En été : 200 € la journée (pêche au tout gros) ; en hiver (toutes pêches) : 150 € la journée. CB non acceptée.

Cette association de pêche de loisir affiliée à la Fédération française des pêcheurs en mer a pour vocation la défense, l'initiation et le perfectionnement de la pêche de loisir en bateau à proximité de Bastia. Son but est de promouvoir une pêche responsable, intelligente, respectueuse du milieu marin, à travers une approche de la pêche en mer ludique et plaisante dans une pratique qui préserve la diversité de la ressource halieutique.

■ **CLUB NAUTIQUE BASTIAIS**
Plage du Tombulu Biancu
Route de la Lagune
Lido de la Marana
✆ 06 11 83 09 14
www.clubnautiquebastiais.com
cnbastiais@wanadoo.fr
Location et leçons de planche à voile, catamaran, dériveur et kayak. Tous les jours pendant les vacances scolaires, les mercredi et samedi hors vacances.
Fonctionnant toute l'année le Club Nautique Bastiais propose une large gamme d'activités nautiques. On peut s'initier ou se confirmer sur divers bateaux : optimist, habitable, catamaran, dériveur. Le club propose aussi des sorties en aviron et en kayak de mer. Le club exerce en été ses activités sur la plage de l'Igesa sur le Lido de la Marana. Une adresse sympathique pour tous ceux, débutants ou navigateurs aguerris qui veulent prendre le large en toute sérénité. Cours et stages de voiles légères et voiles habitables. Location de matériel.

▶ **Autre adresse :** Quai sud du Vieux Port Bastia.

CANARI ★★

Composé de 14 hameaux qui descendent jusqu'à la mer, la commune de Canari était connue pour abriter une usine d'extraction de l'amiante, aujourd'hui fermée. Depuis le clocher-tour du hameau de Pieve, une petite randonnée offre une vue panoramique sur la mer et sur le hameau de Marinca que l'on traverse pour se rendre au hameau de Vignale par un sentier ombragé et frais. On croise l'ancien couvent franciscain, réhabilité avec des chambres d'hôtes et le Conservatoire du Costume corse. Faites escale à la marine d'Abro ou à celle de Canelle (tour génoise) pour vous rafraîchir avant ou après la contemplation des deux églises de Pieve, l'une pisane et l'autre baroque.

Se restaurer

■ **LE CHAT QUI PÊCHE**
D80
Hameau d'Abro
✆ 04 95 37 81 52
catu@live.fr
Ouvert toute l'année. Basse saison : le lundi midi ; du jeudi au dimanche le midi et le soir. Haute saison : tous les jours et les jours fériés le midi et le soir. Basse saison : ouvert du jeudi midi au lundi midi (fermé lundi soir et mardi / mercredi toute la journée) / Service en continu / ouvert de mars à novembre. Réservation recommandée. Carte : 25 € environ. Nombreux plats abordables. Également des chambres à louer. CB non acceptée. Terrasse.
Surprise, le long de la route du cap ! Cet établissement original avec comptoir et terrasse de l'autre côté de la route, accrochée à la paroi qui surplombe les terrasses de plantation d'agrumes, une salle pour les frileux, et même des chambres d'hôtes simples et à petit prix. Outre son caractère bien trempé, le maître des lieux nous propose ses viandes et poissons de pêche de la marine Giottani, le tout grillé au feu de bois à savourer en toute simplicité et avec bonne humeur bien sûr. On peut aussi s'arrêter juste pour boire un café.

Sports / loisirs / activités

CAP AU LARGE

Pieve

www.destination-cap-corse.com

ot-bastia@wanadoo.fr

Tarif : gratuit. Distance : 2,6 km. Durée : 1h50. Difficulté : facile. Balisage : jaune.

Vous n'embarquez ni ne naviguez lors de cette randonnée au nom évocateur ! Mais vous avez les yeux dans la mer lors d'une très belle randonnée sur les crêtes du Cap Corse. Au départ de l'aire de stationnement du clocher-tour du village de Canari, prenez la direction du hameau de Marinca. Après avoir traversé ce petit bourg, engagez-vous sur un sentier à droite en direction de Vignale, bien ombragé. Suivez toujours le balisage jaune pour revenir à bon port. En chemin, le couvent Saint-François et l'église Santa Maria Assunta méritent que l'on s'y attarde.

CENTURI ★★

Une belle petite baie avec sa plage de galets vous attend à Centuri, village de pêcheurs dont le port miniature distille beaucoup de charme. S'alignent ici de petits restaurants où, en été, les gourmets viennent déguster la langouste, la spécialité locale, même si la langouste locale se fait de plus en plus rare. Vous découvrez un village pittoresque et improbable, avec des fleurs, des recoins, des escaliers de pierre, des maisons bien nettes aux murs crépis et aux toitures typiques de serpentine, un silicate de magnésium aux reflets verts. Un sentier, au départ de Cannelle (4,4 km, 2h de marche), invite à une petite randonnée dans le maquis en direction des bergeries troglodytes, aménagées dans des abris sous roche.

U PALMENTU

Port de Centuri ✆ 06 10 73 41 72

www.upalmentu.com

Ouvert d'avril à fin octobre tous les jours de 10 h à 2h du matin. Carte : 25 € environ. Menu enfant : 9,50 €. Suggestion du jour : 20 € (environ). Vin au verre. Chèque Restaurant. Chaises bébé. Terrasse. Vente à emporter. Animations.

Trois belles terrasses vous accueillent sur le charmant port de Centuri quelle que soit l'heure. À cette adresse reprise par Dume en 2020, tout est concocté pour que vous passiez un bon moment, de la gentillesse de l'accueil à la fraîcheur des assiettes. Poisson du jour de la pêche locale, aïoli de langouste, thon cru, boutargue pour le côté mer, saucisse de veau corse ou pâtes à la truffe côté terre et la grande carte de Piatini pour accompagner les délicieux cocktails maisons ou à partager après le coucher du soleil en écoutant de la bonne musique.

NONZA ★★★

Édifié autour de l'église Santa Ghjulia, Sainte-Julie, le village médiéval de Nonza est perché en nid d'aigle sur une vertigineuse falaise verticale de plus de 100 mètres de haut qui surplombe la mer Méditerranée. Contrairement aux autres communes du Cap Corse, Nonza ne présente qu'un seul regroupement d'habitations. Ni hameaux dispersés, ni marine ! Nonza se distingue par un patrimoine remarquable et sa plage de galets noirs sur laquelle on distingue d'en haut les messages et œuvres d'art dessinés en galets blancs. Le seul accès à la mer de Nonza est cette plage de galets noirs, issus des rejets d'exploitation de l'ancienne carrière d'amiante de Canari. La tour paoline, construite au XVIIIe siècle sur les restes du château des Avogari, domine la mer à 167 mètres de haut. Avec sa vue imprenable sur le golfe de Saint-Florent, elle fut un poste stratégique pour Pascal Paoli. Nonza a beaucoup de cachet et mérite une escale. De Nonza, on peut emprunter de nombreux sentiers de randonnée balisés dont un circuit au départ du centre du village (1,5 km, 1 heure) pour découvrir les terrasses à cédratiers.

LA PLAGE DE NONZA ★★

Accessible toute l'année.

Que serait Nonza sans sa magnifique plage de galets noirs ? Cette plage est due aux rejets inoffensifs de l'usine d'extraction d'amiante qui se trouvait à Canari, à quelques kilomètres au nord. De 1920 à 1965 cette carrière fut la principale zone d'extraction d'amiante en France. Les courants transportèrent dans les baies d'Albu et de Nonza les matières rejetées et les bouchèrent, formant ainsi les plages. Pas de crainte, se promener sur cette plage ne serait pas dangereux, les fibres d'amiante ayant passé un long séjour en mer, elles ont été lavées par le sel.

ROGLIANO ★★

Village perché, Ancienne capitale du cap Corse, Rogliano est une commune de charme où randonner dans une nature préservée, d'où partir pour une promenade en mer. Le chef-lieu se distingue par la richesse de son patrimoine, son riche patrimoine dont l'église Sant'Agnellu du XVIe siècle et son orgue classé, la Confrérie Santa Croce, classée du XVIIe siècle, les ruines du château San Columbanu de la famille Da Mare, la Tour Barbara, les vestiges du couvent San Francescu avec un point de vue panoramique exceptionnel, de nombreuses chapelles, des anciens fours à chaux, des grottes, des moulins, etc. Le vignoble local produit des crus remarquables et du muscat, s'ajoutent des fromages de brebis, les poissons ramenés par les pêcheurs en fin de matinée, à la halle des pêcheurs de Macinaghju, la marine de la commune avec son port de pêche et de plaisance doté de 605 places. Nombreux commerces et services.

U PARADISU

Baie de Tamarone © 06 12 89 96 43

Ouvert tous les jours de 10h à 23h. Hors été : un jour de fermeture (mardi ou mercredi) ; pour les soirées de concert, mieux vaut réserver.

C'est le paradis ! Cette adresse appréciée des habitants enchante et régale la plage de Tamarone. Cette charmante paillote de bois les pieds dans le sable, ne défigure pas le paysage et offre le panorama sur la mer et la possibilité de se désaltérer et de se sustenter de grillades, de poissons et crustacés, et même de pizzas. Au coucher du soleil, place aux cocktails et aux tapas gourmands et frais... Les musiciens se succèdent au cours de l'été pour faire vibrer la baie de chants corses ou de musique brésilienne. Ambiance !

PINO ★★

Une route serpentant au-dessus de la mer dessert Pino et ses hameaux accrochés à la pente de la montagne avec vue panoramique. Une randonnée (2,8 km, 1h30 de marche) conduit jusqu'à la pittoresque marine de Scalu en longeant d'anciens jardins romantiques. Pino a développé un système de stockage et de distribution d'eau d'irrigation. On peut aussi rejoindre la marine en voiture, bien entendu. Sur les bords de la route, au milieu des cyprès et des pins parasols, se dressent d'imposants mausolées dont celui qui abrite les cendres de Valentine Eiffel (1832-1923), fille de Gustave Eiffel mariée à Camille Piccioni. Ce diplomate était le fils d'Antoine Piccioni, né à Pino, élu maire de Bastia en 1865. Le somptueux mausolée de la famille Piccioni se trouve au bord de la D80 à proximité du hameau de Valle. En allant vers les hameaux de Raffalacce, on remarque une maison d'Américain avec tour à mâchicoulis. Plus bas, on aperçoit un couvent franciscain situé en bord de mer. Recommandation : une escale au bar-restaurant de plage des Platanes.

LA MARINE DE SCALU À PINO ★

Scalo

Ouvert toute l'année.

Cette jolie marine abrite un petit port de pêche et trois tours carrées, celle de Metimu du XVe siècle et celles de Casucciu et de Ciocce du XVIe siècle. C'est une crique appréciée des amateurs de kayak, qui peuvent louer leur embarcation sur place.

Le village conserve un riche patrimoine. Il faut dire que cette marine était au XIXe siècle un port prospère qui exportait vin, cédrat, bétail, charbon de bois et importait grains, sel, textiles et ustensiles.

SAINT-FLORENT ★★

Un bijou de port ! Les navigateurs le savent, Saint-Florent est un port d'attache très... attachant, au cœur même de la ville et au pied de la Citadelle (XVe siècle). Station balnéaire très prisée, Saint-Florent a su préserver son authenticité. Cette cité romaine, aux portes du fameux Désert de l'Agriate est une destination touristique de charme, point de départ vers les routes majestueuses du Cap-Corse. On vient à Saint-Florent pour profiter de la plage et pratiquer une large gamme de sports nautiques dans une ambiance balnéaire décontractée, cheminer dans la vieille ville, s'attabler pour un repas de poissons ; sur la Place des Porteon, jouer à la pétanque à l'ombre des grands arbres ; côté port la promenade le long des quais, admirer les bateaux est un grand classique. En flânant dans les ruelles du vieux quartier, vous découvrez une place chère aux Saint-Florentins avec sa fontaine « aux grenouilles » et l'église paroissiale Sainte-Anne du XVIIe siècle. On ne rate pas la remarquable Cathédrale du Nebbiu de style roman-pisa, édifiée au XIIe siècle.

PIERRE-ANGE GIUDICELLI, SOS PLASTIQUE MARIN

Après des études à Paris, Pierre-Ange Giudicelli est revenu sur l'île. Sa spécialité : l'archéologie sous-marine, observation de l'évolution des fonds marins. Installé à Pino, au Cap Corse, cet expert des nano-plastiques qui envahissent les fonds marins, co-fondateur en 2016 de l'association Mare Vivu qui lutte contre la pollution plastique en Méditerranée, s'engage et nous alerte. « Nous voulons former une génération de jeunes experts en projets environnementaux, conscients des enjeux et armés pour y faire face. Nous organisons chaque année la mission scientifique et environnementale CorSeaCare autour de la Corse en trimaran ». Pierre-Ange Giudicelli mène trois missions de front : la collecte de données scientifiques au sein du Parc national marin du Cap et de l'Agriate, la sensibilisation du public, particulièrement des jeunes, et un plaidoyer auprès des élus et des décideurs. Il faut savoir que 450 millions de tonnes de déchets plastiques sont actuellement générés en un an. Si rien n'est fait, ce chiffre sera multiplié par 3 d'ici 2060. Savoir aussi que 80% de la pollution plastique de la mer vient de la terre. En tant qu'île au sein d'une grande bassine, la Corse subit très fortement cette pollution. Le couloir du cap Corse totalise 4 fois plus de microplastiques qu'ailleurs dans les océans. « Il faut comprendre que la pollution plastique en surface est anecdotique, 99% du plastique marin est composé de nano-particules totalement invisibles qui s'accumulent en mer et sont ingérées par les poissons. En bout de chaîne alimentaire, l'homme est lui-même pollué ».

Pierre-Ange Giudicelli.

A voir – A faire

LE PORT DE PLAISANCE DE SAINT-FLORENT

✆ 04 95 37 00 79
www.portsaintflorent.com
contact@portsaintflorent.com

Basse saison : ouvert du lundi au vendredi de 9h à 12h et de 14h à 17h. Haute saison : tous les jours de 7h à 21h. Ouvert en mi-saison du lundi au vendredi de 9h à 12h eet de 14h à 18h ; le samedi de 9h à 12h / Eau, électricité, sanitaires, carburant, laverie.

Au cœur du village, au pied des remparts de la Citadelle, le port de plaisance du golfe de Saint-Florent est le plus important de l'île. Protégé des vents, il offre un mouillage sûr pour les plaisanciers qui trouvent sur place de nombreux services : WC, douches, accès Internet par wifi gratuit, levage et carburants. Quant aux habitants et aux visiteurs, ils apprécient de flâner le long des quais colorés et pittoresques et d'admirer le soleil couchant en terrasse. Petit port de pêche.

Sports / loisirs / activités

ACTISUB

Quai de l'Aliso
✆ 06 12 10 29 71
www.actisub.com – actisub@yahoo.fr
A 750 m du centre-ville.

Fermé de novembre à mars. Haute saison : ouvert du lundi au samedi de 9h à 19h. Sur réservation hors saison. Enfant : 15 €. Baptême 85 €, exploration à partir de 55 €. CB non acceptée. Chèque Vacances. 1 semi-rigide de 16 plongeurs. Matériel Aqua Lung.

L'école de plongée organise des baptêmes, des explorations et des formations, à partir de 8 ans. Les plongées se font dans les Agriate, à Nonza avec un bateau rapide, encadrées par un moniteur qui s'occupe uniquement de vous afin que vous n'ayez qu'à regarder les poissons multicolores et les étoiles de mer. Les baptêmes peuvent également s'effectuer en groupe, allant de 8 à 12 personnes maxi pour les baptêmes. Sortie en randonnée palmée l'après midi (snorkerling). Le lieu étant très prisé, pensez à réserver à l'avance, surtout en période estivale.

Autre adresse : Siège social : Lieu-dit Corsu 20232 Oletta

CORSICA NAUTIC

port privé de l'Aliso Mare E Stagnu – Lieu-dit Chinu
Face à la station essence Vito de Saint Florent – sortie sud
✆ 06 86 05 18 01
http://corsica-nautic.com
info@corsica-nautic.com

Location de bouées et ski nautiques en sus, bateaux de 5 à 12 places. American Express, Chèque Vacances. Place de parking en face du bateau (incluse dans la location).

Sur le port de plaisance le plus coté de l'île, Corsica Nautic propose un service de location de bateaux à moteurs de la demi-journée à la semaine. Une initiation aux rudiments de la navigation est proposée pour les débutants. Le plus : une carte des mouillages du Golfe est fournie pour gagner du temps pour organiser votre périple, plage de sable blanc à la clé. Un accueil parfait, une flotte dans un état irréprochable et un service client aux petits soins. Proposition également d'activités de glisse : bouée tractée, ski nautique, kneeboard, wakeboard

DAMIEN MULLER, MAÎTRE PÊCHEUR IKEJIME

Son bateau est amarré sur le port de pêche de Saint-Florent et sa poissonnerie-restaurant, route de Bastia. Fils de marin-pêcheur, Damien Muller voue à son père un grand respect. D'ailleurs, tous les deux continuent à partir en mer ensemble. Conscient de la forte diminution des ressources halieutiques de la Méditerranée, Damien Muller s'est engagé dans une démarche de pêche durable en petit chalut, sélective et réalisée dans le respect de l'environnement et du poisson. Damien Muller est spécialiste de la pêche au thon rouge à la ligne. Il approche et capture ce noble poisson avec expertise et révérence et le traite à la Japonaise. Pionnier en Corse de l'utilisation de la technique ikejime qui consiste à éliminer délicatement avec un poinçon une partie du cerveau commandant les nerfs pour une mise à mort indolore, Damien Muller saigne, étête et éviscère à bord à l'eau froide. Son poisson est maturé un ou deux jours pour le développement de l'umami, ce cinquième goût très recherché au Japon. Damien Muller a fait des émules en Corse qu'il s'est attaché à former, dont Jérôme Poggi pêcheur à Galéria. C'est que cette technique douce et éthique assure en outre une chair d'une fraîcheur et d'une saveur inégalées. Profitant d'une fenêtre météo, Damien Muller embarque avec son équipe sur le Saint-Christophe II pour aller pêcher le thon rouge dans le golfe de Saint-Florent. Mais rien n'est jamais sûr avec la pêche locale du jour. Alors, lorsque la pêche n'est pas bonne, le restaurant reste fermé.

© NOAK

Damien Muller.

© VALERIOMEI – STOCK.ADOBE.COM

Sentier du littoral entre Saint-Florent et la plage du Lotu.

ROYA NAUTIQUE CLUB
Plage de la Roya
✆ 06 45 14 08 35
www.campingacquadolce.fr
info@campingacquadolce.fr
Fermé de septembre à juin. Ouvert tous les jours et les jours fériés de 8h à 20h. Bouée-canapé 20 € le tour de 15 minutes, 30 € le tour en ski ou wakeboard, stage et leçons sur réservation.
Jouxtant le Camping Acqua Dolce sur la plage de la Roya, le Roya Nautique Club propose à toutes les âmes estivales ses matinées d'été vitaminées : au menu, cours de ski nautique, wakeboard et initiation au barefoot, le tout serti d'un moniteur breveté d'état pour goûter au mieux les plaisirs des embruns ! Au cœur de la journée, les bouées tractées s'invitent au creux des flots pour vous offrir de sensationnelles vagues de rires ; et les plus jeunes sont de la partie. Quant aux moins téméraires, ils seront certainement les derniers à sortir de l'eau !

SANTA MARIA DI LOTA ★

Santa Maria di Lota compte quatre hameaux, Mandriale, Figarella, Partine et Miomo, répartis entre mer et montagne. Depuis la crête, trois hameaux dominent la marine de Miomo et sa plage de galets, protégée par une belle tour génoise (XVIe siècle). Aujourd'hui, centre de la vie administrative de la commune, Miomo est une station balnéaire de charme. Le hameau Figarella abrite plusieurs maisons d'Américains, un château du XIXe siècle, l'église Saint-Antoine construite sur des grottes, tandis que l'église Santa-Maria Assunta, plus ancienne, fait la fierté du village de Mandriale. À Partine, la petite chapelle de l'Annunziata renferme un très beau triptyque baroque. Les habitants de Santa-Maria-di-Lota et leurs voisins de San-Martino se retrouvent à l'occasion des processions de Pâques à travers les chemins de la Piève de Lota qui regroupe les deux communes.

PAYS DE BALAGNE

La Balagne conjugue les joies de la mer et de la montagne. Calvi et L'Île-Rousse, les deux villes phares du littoral, vous invitent au bord de mer et sur des plages de rêve, dans une ambiance balnéaire. Le littoral balanin est un terrain de jeu parfait pour les amateurs d'activités nautiques. Plongée, snorkelling, voile et autres sports à sensation y sont proposés. L'arrière-pays se caractérise quant à lui par ses villages de caractère en balcon, ses rivières aux eaux claires, ses forêts et ses sentiers de randonnée depuis Calenzana (GR20, Tra Mare e Monti). L'arrière-pays de Balagne offre des activités de plein air variées : randonnée, baignade en rivière et dans les piscines naturelles, canyoning. Direction les rivières de la Figarella et de Tartagine, direction le Delta du Fango. La Balagne abrite surtout un joyau naturel avec la Réserve naturelle de Scandola protégée par l'Unesco avec ses falaises abruptes qui plongent dans la mer et composent des paysages splendides.

CALVI ★★★

Petite capitale de la Balagne, Calvi se distingue par sa citadelle perchée, sa longue plage de sable et sa marina. Vous trouvez dans la ville haute de bonnes adresses gourmandes pour faire le plein de saveurs pour concocter des pique-niques sublimes, des tables sympathiques et des monuments. La citadelle cache aussi des artisans de talent et des escales agréables. Et l'on garde en mémoire en découvrant sa statue accrochée à la roche que Calvi se revendique cité de Christophe Colomb, même si l'origine calvissone du grand navigateur n'est pas accréditée.

CALVI PROMENADE EN MER

Quai Adolphe-Landry
✆ 06 43 34 30 58
www.calvipromenadeenmer.com
contact@calvipromenadeenmer.com
Excursion de 6h : 80 €/pers. excursion de 4h : 60 €/pers. Visite guidée (visite de la réserve naturelle de Scandola).

Habitué à prendre soin de ses passagers puisqu'il a été commandant de yacht, David Orsini vient de créer Calvi Promenade en mer depuis mai et dispose d'un bateau de 12 places pour vous en faire voir de bien belles. Actuellement 2 rotations différentes : une balade de 4 heures sans escale de 15h à 19h et une promenade de 6 heures avec escale à Girolata de 9h à 15h. Sur demande, vous pourrez profiter du coucher de soleil lors d'un tour de 2h30. Un second bateau est arrivé pour une rotation Scandola/Girolata/Piana. Renseignez-vous sur le front de mer et bonne balade !

COLOMBO LINE

Quai Landry
✆ 04 95 65 32 10
www.colombo-line.com
infos@colombo-line.com
Ouvert du 1er avril à fin octobre. Gratuit jusqu'à 4 ans. CB non acceptée. Chèque Vacances. Visite guidée.

Facilement repérable sur le port de Calvi, les bateaux bleus de la Colombo line sillonnent le grand bleu depuis 1967 et vous permettent de visiter de nombreuses destinations de rêve : les Iles Sanguinaires, la Revelatta, les Calanches de Piana, Scandolla ou Girolata... les vedettes jusqu'à 30 m pour votre confort et votre sécurité sont dotées d'une vision sous-marine vous permettant de voir les paysages sous-marins ainsi que la faune et la flore. Les hommes d'équipage expérimentés à bord vous assurent une promenade conviviale en toute sécurité.

A voir - A faire

LES PLAGES DE CALVI ★★

Ouvert toute l'année. Parking payant au pied de la Citadelle. Plage principale : La Pinède. Plages à proximité.

Longue de 5 km, bordée d'une magnifique pinède et d'une passerelle pédestre en bois très agréable, la plage de Calvi, à proximité du port de plaisance, dispose d'un poste de surveillance et de secours en période estivale. On y trouve également un parc aquatique, de nombreux restaurants et une aire de jeux sur le sable pour les enfants. Au sud de la ville, profitez de la plage de l'Alga à Revellata ou de celle de l'Argentella dans la baie de Crovani. Elles sont idéales pour ceux et celles qui aiment le calme, le bord de mer et les paysages romantiques.

Se restaurer

LA LICORNE

Plage de la Pinède ✆ 04 95 65 08 62
www.calvi-plage.fr
lalicornecalvi@gmail.com
Accès par la chemin du supermarché Casino.

Fermé de novembre à mars. Basse saison : ouvert tous les jours et les jours fériés le midi. Haute saison : tous les jours et les jours fériés le midi et le soir. Service non-stop en été. Location de transats et parasols. Réservation recommandée. Carte : 40 € environ. Menu enfant : 12,50 €. Suggestion du jour : 22 €. Vin au verre. Cocktails avec alcool à partir de 10 € / cocktails sans alcool à partir de 7 €. Chaises bébé. Jardin. Terrasse. Animations. Soirées musicales live.

Parmi la quinzaine de paillotes qui bordent la fameuse plage de la pinède, cette Licorne est l'une des plus anciennes. Jean-Roch, le maître des lieux, et son équipe sortent du lot avec des formules estivales on ne peut plus sympathiques : une cuisine méditerranéenne, des touches d'exotisme et des cocktails rafraîchissants, le tout servi en terrasse, les pieds dans le sable, bien sûr ! L'accueil est particulièrement chaleureux et attentionné. On profite des transats et des parasols la journée et des soirées festives à la nuit tombée !

Sports / loisirs / activités

CALVI NAUTIQUE CLUB

Plage de la pinède – port de plaisance
✆ 04 95 65 10 65

Ouvert de Avril à Octobre. Location, cours et découverte en catamaran, planche à voile, optimist, Kayaks double et simple, Stand Up Paddle. Chèque Vacances.

L'association Calvi Nautique Club organise des activités de loisirs, des cours, des stages d'apprentissage ou de perfectionnement et loue du matériel (planche à voile, catamaran, funboat, Kayaks, Stand Up Paddle...). Vous pouvez prendre des cours en particulier ou en groupe quel que soit votre âge et votre niveau.

MARTINE SANCHEZ, L'ART DU BOIS FLOTTÉ

À l'entrée de la citadelle de Calvi, une volée de marches mène à sa boutique-atelier partagée avec deux autres artisanes. Martine Sanchez s'est reconvertie voici 4 ans, après la naissance de son deuxième enfant, dans l'artisanat d'art à base de bois flotté et d'autres matériaux naturels de récupération. Originaire d'Anjou, Martine Sanchez est venue faire un stage en Corse voici 20 ans, a rencontré son mari, habitant de l'île, et n'est jamais repartie. « Depuis mon installation comme artisane, une ou deux fois par an, nous allons en famille collecter 3 ou 4 m^3 de bois flotté, sur la plage et les berges des rivières, autour de Calvi et jusqu'à la côte orientale. Nous venons avec une tronçonneuse et des remorques pour les plus grosses pièces. Je stocke dans mon jardin et j'ai du matériel pour mes créations pour un certain temps ! Je prépare des expositions et la saison touristique. » Martine assemble des racines, des branches, du liège pour faire ressortir un animal, une baleine, un hippocampe, des poissons, ou des bateaux. « Ce que la nature me donne, je le refaçonne. » Coup de cœur pour ce bijou de bois flotté qui évoque la forme de l'île avec trois minuscules perles de corail incrustées, pendentif unique et raffiné. Du petit mobile avec des anges au grand canapé déco, du pied de lampe au porte-bouteilles, en passant par ses compositions comme des sculptures, les œuvres de Martine Sanchez sont chargées d'âme et parfois même d'humour.

Martine Sanchez.

EPIC

Port de plaisance
✆ 06 13 38 61 26
www.epic-plongee.com
epic-plongee@orange.fr
Ouvert toute l'année. Haute saison : du lundi au samedi. Dimanche que sur rendez-vous. Chèque Vacances.
L'école de plongée d'Olaf Weiss vous propose de l'initiation, des baptêmes, des explorations dans des sites diversifiés, et des plongées à thème : le site de l'épave d'un bombardier quadrimoteur B-17 américain coulé au large de Calvi en 1944, la découverte des abords d'une réserve naturelle, la plongée de nuit. Possibilité de préparation et de passage du niveau 1 au monitorat fédéral, stages d'encadrement, stages pédagogiques. Les plongeurs Padi, Nitrox et Trimix sont les bienvenus. Les bateaux sont à seulement 20 m du centre de plongée.

ALGAJOLA ★★

A 7 km à l'ouest de l'Île-Rousse, Algajola est un charmant port de pêcheurs, paisible et dynamique à la fois, devenu station balnéaire. Vous y trouvez une petite gare où prendre une micheline vintage qui serpente le long du littoral. Algajola fut longtemps une position génoise avancée devant Calvi. Aujourd'hui, la plage d'Algajola est réputée pour son spot de surf. C'est sur ce site que fut lancé le kite-surf sur l'île. Cette très belle et longue plage s'étend du village à la pointe de Barcale avec des paillotes et de nombreuses activités nautiques, plongée, jet-ski, etc. Au nord-est du village, la crique sauvage de San-Damiano est très appréciée.

ALGAJOLA SPORT ET NATURE

Plage d'Algajola-Aregno
✆ 06 08 21 09 51
www.algajola-sportetnature.com
contact@algajola-sportetnature.com
Fermé de novembre à mars. Ouvert tous les jours. Baptême plongée 85 €, exploration à partir de 40 €, randonnée palmée 35 €.
Plusieurs professionnels des sports nautiques vous attendent sur cette plage de rêve et sur sa voisine d'Aregno. Vous pouvez donc venir pour organiser un beau panachage d'activités pour tous les niveaux et tous les âges. Initiation, perfectionnement ou simple location de matériel, vous avez le choix. Au programme : plongée sous-marine, randonnée palmée, planche à voile, wingFoil, Stand Up Paddle, kayak de mer et même vélos et cycles pour partir sur les sentiers du littoral en pédalant à travers des paysages de rêve de cette côte sauvage et de ses criques.

BELGODÈRE ★★

Le village sur son rocher, partiellement fortifié, domine la vallée du Reginu et possède un beau patrimoine. Sur sa façade maritime, Belgodère déploie la belle plage de Lozari longue de près de 2 km et disposant d'un vaste parking. Bordée de centres de vacances et de campings, elle est plus sauvage au sud. Vous y trouvez des restaurants et des centres nautiques.

■ **LOZARI NATURA SPORTS**
Via Stazzola
Plage de Lozari
✆ 06 51 44 38 07
balagne.cycles@wanadoo.fr
Ouvert tous les jours d'avril à début novembre. Location dès 15 €/h le paddle. Stages de catamaran.
Ce centre nautique sur la plage bénéficie d'une situation exceptionnelle aux portes de la réserve de l'Agriate et invite débutants et confirmés à de somptueuses navigations en pirogue hawaïenne, en kayak de mer ou en paddle vers les calanques secrètes. En location, des planches à voile, des catamarans, des Optimists, des pédalos, des paddles gonflables, des kitesurfs et même des VTT et des vélos à assistance électrique. S'ajoute un rayon prêt-à-porter avec des maillots de bain et des accessoires de plage et de sport outdoor.

CALANZANA

Centre géographique de la Balagne, en surplomb du golfe de Calvi, Calenzana est placé sous la bénédiction de Sainte-Restitude. C'est un village corse authentique où l'on peut déguster le fromage « u calinzanu », des « Canistrelli », de la charcuterie, du miel et de l'huile d'olive. Près de la chapelle Sainte-Restitute, on trouve la statue-menhir de Luzzipeiu que les bergers faisaient tourner pour s'assurer de bonnes récoltes. Église et chapelles illustrent la ferveur religieuse et les croyances villageoises. Calenzana est le point de départ de randonnées sur le GR20 et le Mare é Monti et pour l'ascension du Monte Grossu. On y trouve une station de carburant.

A voir - A faire

■ **EAUX DE ZILIA**
Route de Zilia ✆ 04 95 65 90 70
https://www.eauxdezilia.fr
eaux-zilia@wanadoo.fr
Ouvert toute l'année. Du lundi au jeudi de 8h à 16h ; le vendredi de 8h à 12h. Visite guidée (gratuit pour 1/2 heure).
C'est l'eau minérale de la montagne corse, issue des flancs granitiques du Montegrosso. Faiblement minéralisée et très digeste, elle est idéale pour les nourrissons et les femmes enceintes. L'eau est puisée à 100 mètres de profondeur et ne subit aucun traitement. On la trouve sur toutes les tables des restaurants et des bars de la région. Distribuée dans les épiceries et les grandes surfaces, elle se décline désormais en plusieurs versions dont la dernière, bio, aromatisée au citron, sans sucre ni additifs chimiques. En bouteille de 50 cl bien pratique.

Se restaurer

■ **A STAZZONA**
D151 – 17, rue du Fond
✆ 04 95 36 47 12
velon.pieri@orange.fr
Fermé en décembre. Ouvert tous les jours et les jours fériés le midi et le soir. Réservation recommandée. Menu unique à 26 € (menu corse). Carte : 34 € environ. Menu enfant : 10 €. Suggestion du jour : 24 € (en moyenne selon arrivage de poisson ou de viande). Vin au verre. CB non acceptée. Chèque Restaurant. Accueil des groupes. Chaises bébé. Jardin. Terrasse.

Michel Pieri vous accueille dans son petit havre de paix et de gourmandise avec son équipier Charles Cadore en cuisine. Prenez place dans une jolie salle voûtée en pierre avec une cheminée ou, en saison, sur une terrasse ombragée bercée par le chant des cigales. La spécialité de la maison est le poisson frais tout droit sorti du golfe de Galeria : pêche du jour, saint-pierre grillé ou daube de poulpe. Côté terre, on dégustera du magret, une belle entrecôte, une terrine de Brocciu... Les suggestions du midi valent également qu'on s'y attarde !

GALERIA ★

Loin de l'agitation touristique, Galeria est une jolie marine avec son petit port de pêche et ses plages. La baie de Galeria et l'embouchure du Fango sont des sites de nature sauvage préservée. Des roches de Scandola à la tour génoise de Galeria, les paysages sont de toute beauté. Ici, le Fango, l'une des plus belles rivières de Corse, labellisée Site Rivière Sauvage, se jette dans la mer en un delta limpide et classé. Laissez-vous tenter par une balade en kayak au sein de cette réserve de biosphère pour en admirer la flore et la faune d'une richesse remarquable, des nénuphars aux tortues d'eau... Aux confins des vallées du Falasorma et du Marzulinu, Galeria reste attachée aux traditions et savoir-faire de la grande transhumance et des bergers du Niolu. Au long de cette commune, vous n'aurez pas de mal à trouver des producteurs pour faire le plein de fromages au lait de chèvre ou de brebis, de charcuterie ou de biscuits.

GALERIA MARINA

Route du bord de mer – D351
✆ 06 12 52 63 53
www.visite-scandola.com
info@visite-scandola.com
Fermé du 15 octobre à mars. Circuit à partir de 2h45. Possibilité de sortie en mer privatisée. Ouvert tous les jours et les jours fériés. Plusieurs départs par jour. Chèque Vacances. Visite guidée (commentaire sur la Reserve Naturelle de Scandola). Animations. Bateaux de 12 et 25 places propulsion hybride pour des visites sans bruit, avec 0 % de rejet CO^2.

Galeria Marina propose des promenades guidées en mer dans le respect de l'environnement à la découverte des richesses naturelles de la réserve de Scandola. Vous verrez le balbuzard (aigle pêcheur), mais aussi goélands, cormorans huppés et, selon la saison, d'autres oiseaux migrateurs. Vous serez sans nul doute impressionné par les falaises vertigineuses issues d'un volcan de plusieurs millions d'années formant grottes et passages étroits. La chance vous fera peut-être même croiser le sillon de quelques dauphins. Une escapade marine inoubliable.

A voir – A faire

LA VALLÉE DU FANGO ★★

11, L'Espronaccio
✆ 04 95 65 16 67
Ouvert toute l'année. Accessible toute l'année.

Joyau naturel de la Balagne, la vallée du Fango est protégée par l'Unesco et classée Natura 2000 pour la richesse de son avifaune. On y trouve une quarantaine d'espèces d'oiseaux, et les hauteurs sont le refuge du mouflon corse et de l'aigle royal. Sa végétation est une mosaïque remarquable de biodiversité et son marais, recouvert de fougères et de nymphéas blancs, abrite de nombreuses tortues d'eau. En remontant la vallée du Fango à partir de Galéria, on profite de splendides points de vue ainsi que de cascades et de piscines naturelles !

Se restaurer

LA CABANE DU PÊCHEUR

D351 – Port
✆ 06 33 06 20 92
cabanedupecheur@hotmail.fr
Fermé d'octobre à avril. Ouvert tous les jours et les jours fériés. Service non-stop de 10h à 18h. Réservation recommandée. Plat de 15 € à 33 €. Vin au verre. Chèque Vacances. Accueil des groupes. Jardin. Terrasse. Vente à emporter.
Cette cabane juchée sur le sable de la plage jongle entre « fish and chips » et plats sophistiqués, avec une longue ardoise inspirée et tout de poisson frais pêché par le patron Jérôme Poggi, marin-pêcheur et cuisinier. On n'est jamais si bien servi que par soi-même ! Les ingrédients sont réunis pour un repas bonheur. La mer, le sable, les saveurs, l'ambiance, la déco bois flotté et canisse, la décontraction bon enfant... Langoustes et poissons du jour, service amical et douceur de vivre ! On s'attarde avec plaisir et l'on revient dès que possible...

Sports / loisirs / activités

CENTRE DE PLONGÉE L'INCANTU

Route de Calca
✆ 04 95 62 03 65
www.incantu.com
info@incantu.com
Fermé du 15 novembre à mars. Sur réservation en hiver. Ouvert tous les jours et les jours fériés de 8h à 22h. Formules tout compris transport, plongée, hébergement, restauration, moins de 1 000 € la semaine. Chèque Vacances, Chèque Restaurant.
C'est le plus grand centre de plongée de Corse. Une structure très réputée et complète qui offre l'hébergement et la restauration dans les meilleures conditions et plus d'une dizaine de sites de plongée en périphérie de la réserve de Scandola. Également sorties « Atru Mare », la balade à la journée avec randonnée subaquatique jusqu'à Girolata et pique-nique dans une crique.

DELTA DU FANGU

D351
Route de Galéria
✆ 06 22 01 71 89
www.delta-du-fangu.com
deltadufangu@orange.fr
Fermé d'octobre à mai. Haute saison : ouvert tous les jours et les jours fériés de 10h à 18h. 8 €/personne pour une heure de balade en canoë bi-place ou mono-place. CB non acceptée.
Venez admirer en canoë-kayak biplace ou monoplace la richesse d'un site exceptionnel classé réserve de biosphère. Au pied de la tour génoise de Galéria, à l'embouchure du Fangu, quatre bras d'eau irriguent la plaine où vous pourrez observer des centaines d'espèces : des libellules posées sur les nénuphars blancs bordant les rives, des poules d'eau accompagnées de leurs poussins, des tortues cistudes mais aussi des petits canards plongeurs. Il est également possible de découvrir les réserves de Girolata et Scandola dans des bateaux de 12 places.

L'ÎLE-ROUSSE ★★

On peut accoster en ferry depuis le continent à l'Île-Rousse. Cité prospère et animée toute l'année, Isula Rossa s'est modernisée sans perdre sa culture latine. La ville de Pasquale Paoli est l'une des plus attachantes marines de l'île. La couleur de l'eau, celle des roches environnantes qui lui donnent son nom, la luminosité et la personnalité d'une ville récente mais très Corse, telle que l'a voulu son bâtisseur, à l'opposé de ses cousines génoises et sa grande rivale : Calvi. La grande place Paoli est animée, en particulier lors de la grande foire commerciale au début septembre. En longeant la Marinella, on admire les eaux limpides d'un lagon qui symbolise la douceur de vie île-roussienne. On prend le temps de flâner dans les ruelles commerçantes, situées à deux pas de la plage, d'où l'on remarque de nombreuses constructions d'inspiration florentine. La pointe de la cité conduit au port de pêche et de commerce, classé troisième port de Corse en termes de passagers. Tout proche du port, on peut monter jusqu'au phare qui offre un magnifique point de vue. Un seul bémol : les embouteillages en été.

A voir – A faire

LES PLAGES DE L'ÎLE-ROUSSE ★★★

Accessibles toute l'année.

Parmi les magnifiques plages de l'Île-Rousse, toutes réputées pour leur sable fin, leur roche incandescente et la couleur turquoise de leur lagon, conférant à cette marine une beauté enchanteresse, la crique de Bodri reste notre rivage de prédilection. Ses flots y sont d'une infinie transparence, caressant un sable d'une blancheur marmoréenne. Pour s'y attarder en toute quiétude, on apprécie le parking assuré, mais payant, juste après le camping éponyme.

Se restaurer

LE GRAND LARGE

Boulevard Charles Marie Savelli
La plage
✆ 04 95 60 02 29
jeanfran20220@yahoo.fr

Ouvert de mi avril à mi octobre. Réservation recommandée. Chèques non acceptés. American Express.

Une table raffinée qui regarde la mer. En famille ou entre amis, ce Grand Large version paillote chic offre un cadre magnifique, au bord de l'eau, pour déguster de généreuses assiettes fraîches magnifiant le poisson et la cuisine méditerranéenne. Sur la plage Napoléon, vous prenez place sur la terrasse en bois en hauteur pour déguster ces mets et vous vous installez sur l'un des transats, disponibles à la location, pour prolonger une véritable après-midi de détente. Ambiance décontractée, service aux petits soins et vue imprenable sur la mer.

Sports / loisirs / activités

BELUGA DIVING

D81A
Route du phare
Port de plaisance
✆ 06 82 04 95 10
www.beluga-diving.com
info@beluga-diving.com

Baptême de plongée 45 €. Forfait 5 plongées 190 €. CB non acceptée. Chèque Vacances.
Cette petite structure sympathique et sportive vous propose toute une gamme d'activités. Les baptêmes se déroulent toujours sur le site de la presqu'île, site optimal pour la première découverte des fonds sous-marins, avec une très grande richesse de la faune et de la flore à faible profondeur. Le plus : l'exploration sur des sites de moyenne et grande distance comme la Revellata, le Bombardier, le danger d'Algajola mais aussi Porto et Cap Corse (sorties à la journée). Possibilités de plongée/hébergement.

CLUB NAUTIQUE D'ILE-ROUSSE

Plage de la Gare
Avenue David-Dary – D81a
✆ 04 95 60 22 55
www.cnir.org
cnir@free.fr
Face à la gare de L'Île-Rousse, sur la plage.
Fermé du 23 décembre à mars. Location et leçons catamaran, planche à voile, kayak, stand up paddle, optimist et habitable. Basse saison : ouvert le mercredi et le samedi de 9h à 17h. Haute saison : tous les jours et les jours fériés de 9h à 19h. Sur réservation hors saison. Chèque Vacances. Wifi.
Le Club Nautique d'Ile-Rousse vous propose un vaste panel d'activités nautiques dans une ambiance chaleureuse et professionnelle en toute sécurité. Les usagers du club peuvent profiter de 60 embarcations nautiques variées (catamaran, planche à voile, kayak, habitable...). Centre affilié FF Voile, FFC kayak, label école française de voile et agréé Jeunesse et sports.

EPIR PLONGÉE

Port de pêche
✆ 06 81 97 86 82
www.epirplongee.com
welcome@epirplongee.com
Centre agréé pour la formation professionnelle. Centre SEA Scubapro. Fermé de décembre à mars. Haute saison : ouvert du lundi au samedi et les jours fériés. Baptême de plongée 90 €, formation Open Water à 470 €. Chèque Vacances.
Chefs de centre : Sébastien Jung et Jérôme Solirène, 2 BEES 1°, OWSI et scaphandrier classe 2B. Les 35 équipements Scubapro sont changés tous les 2 ans. 1 compresseur 30 m^3/h et 15 bouteilles tampon à 300 bars, 1 bateau pneumatique pouvant accueillir 25 plongeurs... Plongées exploration : 8 spots de plongée allant de 14 m à 55 m, fond rocheux très poissonneux. Les baptêmes s'effectuent toujours en bateau dans la calanque d'Ile-Rousse très abritée ayant une faune et une flore abondante.

LUMIO ☆

Entre mer et maquis, étagé en balcon, ce village au riche patrimoine domine la baie de Calvi et sa plaine. Au soleil couchant, sa citadelle prend des couleurs féeriques. Ce village lumière mérite une escale. Ici, résonnent les chants polyphoniques corses. De plus, Lumio totalise 10 km de plages et de côtes. Depuis le port de Sant'Ambroggio ou des criques de l'Arinella et Sainte-Restitude, les amateurs d'activités nautiques sont aux premières loges pour profiter des plaisirs de la mer.

A voir - A faire

LA MARINE DE SANT'AMBROGIO ★

Accessible à l'année.

Harmonieusement disséminés dans la nature verdoyante qui les entoure, les villas et les studios sont à quelques pas des plages de sable fin bordant la Méditerranée, à l'endroit même où fut remarquée l'actrice insulaire Laetitia Casta ! D'innombrables criques vous émerveilleront par leur beauté et la pureté de leur eau. Un petit port, particulièrement bien abrité, permet aux plaisanciers de tous types d'amarrer en toute sécurité avec tous les services appropriés.

LA PLAGE DE L'ARINELLA ★

Accessible à l'année.

Situées en contrebas du village et jouissant d'un accès aisé, la plage de l'Arinella et ses petites criques offrent une vue imprenable sur Calvi. Ces baies de quiétude attirent également les locaux, fins connaisseurs des inégalables virtuosités de leur île ! On peut même y venir par « u Trinichellu », petit train aux allures de gondole montée sur rails, qui parcourt la côte de Calvi à l'Île-Rousse. Une petite faim ? Prenez place sur la terrasse du paradisiaque restaurant le Matahari, pour un déjeuner aux saveurs méditerranéennes, les pieds dans l'eau !

LA PLAGE DE SAINTE-RESTITUDE ★★

Accessible à l'année.

Cette plage de sable et de galets d'une centaine de mètres offre une vue splendide de la pointe de Caldanu à la baie de Calvi. Une paillote propose des rafraichissements. Sachez que Sainte-Restitude est connue pour être truffée d'yeux de Sainte Lucie, des opercules en nacre orangée. Selon les pêcheurs de Méditerranée, ils portent bonheur, attirent la prospérité et éloignent le mauvais œil. On les trouve aussi sur des bijoux dans de nombreuses boutiques de l'île.

LE VILLAGE D'OCCI ★★

Accessible à l'année.

Calé sur une éminence rocheuse, le petit village d'Occi est un véritable observa-

Le village d'Occi.

toire surmontant la plaine et la mer, qui offre une vue panoramique. L'histoire de ce village remonte au XVe siècle, à une époque où les côtes n'étaient pas sûres. En effet, les habitants d'un village situé sur le littoral au lieu-dit Spano, fuyant les Sarrasins, ont déserté le site pour s'installer sur le promontoire d'Occi. Au XVIIe siècle, le village déclina, de telle sorte que le 29 avril 1852, la commune d'Occi ne comptant plus que 62 habitants, fut rattachée à celle de Lumio.

Sports / loisirs / activités

PISCINE DE SANT-AMBROGIO
Marine de Sant Ambrogio
✆ 04 95 60 22 07

Ouverte en juillet et août. Ouvert du lundi au jeudi et le samedi de 10h à 13h et de 16h à 19h ; le vendredi de 11h à 13h et de 16h à 19h. Entrée gratuite pour tous.
Piscine de plein air uniquement accessible en période estivale, elle offre aux habitants de Lumio et vacanciers de passage deux bassins d'eau de mer pour conjuguer les plaisirs. Un premier bassin davantage dédié à la pratique sportive de la natation en lignes d'eau ou en autonomie, un second bassin de plus petite profondeur pour de la baignade de détente en famille. Entre deux baignades, un solarium végétal invite à se détendre sur la pelouse pour profiter des rayons du soleil. Des cours de natation sont proposés gratuitement aux enfants tout l'été.

MONTICELLO ★

Village de charme en balcon au-dessus de l'Île-Rousse. Le territoire communal descend jusqu'à la belle plage de Cala d'Alivu. Monticello est doté d'un complexe sportif avec piscine, minigolf, centre équestre, tennis. Le cœur du village aligne de belles bâtisses historiques et une grande place où se retrouvent les boulistes. Ici, on fête la Saint-Roch, le 16 août avec procession, bénédiction et soupe de pois chiches. Quelques célébrités sont tombées sous le charme de ce beau village.

LA BERGERIE
D63
Route de Monticello
✆ 04 95 60 01 28
www.labergerie-corse.com
info@labergerie-corse.com
A 800 mètre d'ile-Rousse.

Fermé de novembre à mars. Haute saison : ouvert tous les jours et les jours fériés le midi et le soir. Réservation recommandée. Carte : 50 € environ. Plats en demi portion. Vin au verre. Accueil des groupes. Chaises bébé. Jardin. Terrasse. Animations.
Quel meilleur endroit que la maison d'un pêcheur pour déguster les produits de la mer ! Le restaurant de La Bergerie c'est un lieu magique et authentique où se déclinent toutes les saveurs marines pêchées par Thomas : omelettes aux oursins, langoustes grillées, mérou grillé, en tajine ou en couscous, les poissons de la pêche du jour, dentis, corbs, sardines farcies et autres saveurs orientales. Les vins sont locaux et les spécialités de desserts maison et uniques à découvrir. Une ambiance chaleureuse et conviviale pour des instants vrais et inoubliables.

OUEST CORSE

Terre de nature et de savoir-faire, la région Ouest de la Corse offre des plages et des points de vue, un chapelet de tours génoises et des villages de charme. Ce territoire abrite avec le golfe de Girolata et la réserve de Scandola l'un des joyaux naturels de l'île. En été, les piscines naturelles de la cascade d'Aïtone accueillent les amateurs de baignades en eau douce et fraîche au cœur de la forêt. Les calanques de Piana avec leurs sculptures de pierre rouge naturelle et le lac de Créno, accessible par sentier pédestre, sont deux autres incontournables de la région. Au patrimoine local, on peut citer le couvent Saint-François de Vico et les deux églises de Cargèse. Un territoire idéal pour profiter des plaisirs de la plage et de la mer. On vient y pratiquer des activités nautiques, faire une excursion en mer, découvrir les fonds marins, chercher la fraîcheur de la montagne et des rivières, découvrir les villages préservés, sans oublier de déguster les produits d'un terroir riche en saveurs.

PIANA ★★★

À 438 mètres d'altitude, dominant la mer, ce village aux maisons de granit rose est classé parmi les « Plus Beaux Villages de France ». Le village garde son charme d'antan et offre les couchers de soleil les plus romantiques de l'île. Piana est célèbre pour ses Calanches, défilé de sculptures naturelles de roches déchirées aux formes diverses, dont la couleur rougeoyante joue avec les rayons du soleil. Ce majestueux site est classé d'Intérêt mondial par l'Unesco. La route d'accès domine la mer, le golfe de Porto, et les reliefs escarpés lui donnent un aspect vertigineux. Au loin, se découpent les presqu'îles de Senino et de Scandola.

Les calanques de Piana.

Ce paysage inspire de longue date peintres, écrivains et photographes. On peut emprunter la route de la corniche, le sentier muletier ou le chemin de Capo Rosso. À l'ombre des pins lariccio, la côte découpée se dévoile peu à peu, donnant à voir ce golfe sauvage dominé par ses roches fascinantes. Du hameau de Vistale, une route en lacets de 4 km descend vers la marine de Ficajola, d'où les pêcheurs partent en barque à la recherche des langoustes.

A voir - A faire

LES CALANCHE (CALANQUES) DE PIANA ★★★★

D81

Accessible toute l'année.

Entre Porto et Cargèse, la D 81 traverse les calanques de Piana – *calanche di Piana*. Inscrites au patrimoine mondial de l'humanité, celles-ci dévoilent des formations géologiques aux couleurs et aux sculptures fantastiques. Partagé entre les communes d'Ota et de Piana, ce petit chaînon montagneux issu de l'ancienne activité volcanique locale est classé sur 730 ha en Zone naturelle d'intérêt écologique, faunistique et floristique (ZNIEFF). Vous serez forcément séduit par ses formations rocheuses qui composent un paysage remarquable en dessinant, au fil du trajet, un cœur, un évêque, un château fort, des amoureux. Le site est très touristique et la route très empruntée en été. Il est difficile de s'y garer, mais il est possible d'emprunter plusieurs sentiers pédestres qui traversent le site. On peut aussi naviguer en bateau dans les calanques de Piana. Une manière féerique de les découvrir et l'une des plus belles excursions marines en Corse. Voir le rouge de la roche qui plonge dans le bleu turquoise de la mer, naviguer sous un porche rocheux, admirer les sculptures rocheuses depuis la mer est une expérience unique.

LE CANYON DU DARDU ★

Pont de Cavallaghiu

Durée : 5 minutes d'approche, 7h dans l'eau, 1h de marche retour. Période : de la mi-avril à la fin juin. Hauteur maximale de rappel : 25 m. Difficulté : sportif. Dès 12 ans.

Un authentique cabinet de curiosités prend forme, éveillant l'imaginaire avec un bestiaire de formes marbrées et polymorphes qui s'élance sur une robe de roches magmatiques, plongeant audacieusement dans la mer depuis des à-pics vertigineux. Sous des cascades majestueuses atteignant 25 mètres de hauteur, l'exploration des profondeurs de l'âme corse se fait à travers des sauts, des toboggans et des descentes en rappel ! Le périple du Dardu s'achève dans une crique, tandis que le crépuscule infuse les reliefs sanguins des Calanques, se mêlant à l'azur aquatique.

LES PLAGES DE FICAJOLA ET D'ARONE ★★

D824

Accessible toute l'année par la D824.

Empruntez la route D824 depuis Piana en direction de Cariu. La plage de Ficajola offre une atmosphère agréable et est moins fréquentée, bien que non surveillée. Il est important de noter que la baignade peut être risquée par temps instable en raison des vagues nombreuses. La plage, d'une étendue généreuse, propose une alternative originale en cas de fortes vagues : échangez votre serviette contre un cerf-volant ! La plage d'Arone, se distingue comme étant la plus belle de la région.

Sports / loisirs / activités

LE SENTIER DE LA TOUR DU CAPO ROSSO

Altitude 331 m. 3h AR. Niveau : difficile. Départ sur la route d'Arone. Balisage bleu, points bleus ou cairns.

Ce chemin mène à la presqu'île Capo Rosso. Empruntez le sentier sur la droite, passez devant les bergeries en ruine de « Paghiadie ». Vos pas se dirigent ensuite vers une bergerie en tuiles, située au bout de la presqu'île. Passez alors par un beau couloir entre les rochers et la verdure. Vous atteignez la tour de garde (40 minutes). Il est recommandé de partir tôt le matin, d'emporter de l'eau (inexistante sur cet itinéraire) et un chapeau car il n'y a pas d'ombre.

CARGÈSE ★★★

Le village de Cargèse est tout à fait charmant avec ses façades blanches et son ambiance chaleureuse, son pittoresque port de pêche et de plaisance. Village préservé dont on apprécie l'authenticité, Cargèse a vu son histoire être marquée par l'installation d'une colonie grecque au XVIIe siècle. Et l'on comprend pourquoi, à Cargèse, se font face deux églises, l'une au rite latin, l'autre au rite byzantin.

CROISIÈRES GRAND BLEU

Rue Marbeuf
✆ 04 95 26 40 24
www.croisieresgrandbleu.com
croisieres.grandbleu@orange.fr

Fermé du 8 octobre au 8 avril. Ouvert tous les jours et les jours fériés. Sur réservation. Chèque Vacances. Visite guidée. Restauration (boissons fraîches). WC.

La compagnie propose deux sorties journalières à bord du *Grand Bleu II*, dont la taille réduite permet une visite de proximité. Le matin à 8h45, visite des calanques, du Capo Rosso, traversée du golfe de Porto, visite de la réserve de Scandola en détail, puis arrêt à Girolata pendant 2 heures pour le repas de midi (non compris). Retour au port par les calanques, arrivée vers 15h15. L'après-midi à 15h30, visite identique à celle du matin, avec arrêt à Girolata d'une demi-heure seulement, retour par les calanques au soleil couchant.

U FILANCIU

Promenades en mer
Port de plaisance
✆ 07 60 14 03 04
www.ufilanciu.fr
ufilanciu@gmail.com

Ouvert d'avril à novembre. Haute saison : ouvert tous les jours et les jours fériés de 8h à 20h. Réservations possible sur le site internet. Circuit des Calanche. Chèque Vacances. Visite guidée (français, anglais et italien). 3 bateaux jusqu'à 12 places de 8,60 et 11 m de 400 cv et 500 cv.

Léo Serreri, la quatrième génération de pêcheurs de Cargèse, propose la découverte de la côte ouest à bord de ses semi-rigides rapides et confortables. On y appréciera ses douze places pour mieux apercevoir et photographier la faune, la flore et les roches énigmatiques. Commentaires éclairés sur les spécificités compréhensibles par tous. Sur réservation de préférence.

Autre adresse : Plage d'Arone 20115 Piana

PAUL-ANDRÉ ACQUAVIVA, PASSION NIOLU

100% Corse, 100% de sa vallée, à l'origine du développement des activités de pleine nature en Corse, Paul-André Acquaviva préside la ligue corse de montagne et d'escalade. Accompagnateur de moyenne montagne, chef d'unité au sein du groupe de secours en montagne des sapeurs-pompiers de Haute-Corse depuis le début des années 2000, il est titulaire du brevet d'état de canyon. En 1990, il a fondé l'association sportive du Niolu (AS Niolu) pour faire connaître et apprécier les massifs insulaires aux enfants de la vallée. « Aujourd'hui, notre association propose des activités en montagne, dont le canyoning, à tout public, en toute convivialité et toute sécurité. Elle est animée par des natifs de la vallée diplômés, vivant en Corse à l'année, fins connaisseurs de leur environnement et qui ont fait de la montagne leur métier. Heureux de faire découvrir la beauté sauvage de leurs massifs, ils s'attachent à la valorisation du territoire, tant sur le plan sportif que culturel, mais aussi à la protection de l'environnement. » Rejoint par son fils Laurent, guide de haute montagne, également chef d'unité au sein du groupe de secours en montagne des sapeurs-pompiers de Haute-Corse, Paul-André Acquaviva poursuit sa mission et nous avoue son attachement au canyon de Frascaghju où chacun peut trouver du plaisir selon son niveau. Très attaché à sa vallée, il concède toutefois que d'autres massifs abritent des canyons attractifs. Connue pour la beauté de ses vasques et ses cascades, l'île est désormais une destination réputée pour la pratique du canyoning. L'AS Niolu y est pour quelque chose !

© NOAK

Paul-André Acquaviva.

Se restaurer

LA PAILLOTE A PIAGHJA

Plage du Pero
✆ 06 11 41 19 20
www.a-piaghja.wix.com/cargese
ghjuvanni@hotmail.fr
A droite sur la plage.
Ouvert du 1er juin au 30 septembre. Ouvert tous les jours et les jours fériés le midi et le soir. Réservation recommandée. Carte : 35 € environ. Menu enfant : 12,50 €. Vin au verre. CB non acceptée. Chaises bébé. Jardin. Terrasse. Vente à emporter. Animations. Plage aménagée de transats et parasols 10 €.
Installée au milieu de la plage du Pero, la paillote d'Amélie et Stéphane Colonna ne manque pas d'allure avec son beau mobilier et ses bois flottés. On y mange ici en toute décontraction, tartare de poisson, pain du bandit, seiche a la plancha, petite pêche locale au four ou juste grillé, tatami de thon et autres desserts maison proposés à la carte ou en suggestions journalières. Transats et parasols pour faire la sieste en tout confort et service non-stop de glaces pour les petits creux en journée. Petit coin « Lounge » pour les cocktails de Dume !

Sports / loisirs / activités

EXPLORASUB

Port de plaisance
✆ 06 11 01 19 54
https://explorasub.fr
info@explorasub.fr
Certifications PADI, FFESSM et CMAS. Matériel MARES. De début avril à début novembre. Haute saison : ouvert tous les jours. Baptême 65 €, exploration à partir de 40 €, formation à partir de 350 €. Chèque Vacances.
Situé sur la côte occidentale de la Corse, dans le port de Cargèse, Explorasub est depuis plus de 20 ans un centre de plongée pour tous, des plongeurs confirmés aux débutants. Au programme, une trentaine de sites de plongée offrant une grande diversité de reliefs et une faune et une flore typiques de la Méditerranée. L'équipe de passionnés d'Explorasub vous accueille et vous encadre dans une ambiance conviviale. Au départ du port de Cargèse, sans souci de manutention de bouteilles, vous partez pour de magnifiques plongées en toute sécurité.

À L'EAU RANDO

Port de plaisance
✆ 06 59 22 70 44
www.aleaurando.com
contact@aleaurando.com
Ouvert d'avril à novembre. Ouvert tous les jours et les jours fériés. De 40 à 75 € par personne selon la sortie. CB non acceptée. Chèque Vacances.
Découvrez et pratiquez le *snorkeling* à Cargèse, activité enchanteresse, avec les randonnées aquatiques de Romain. Depuis le port de plaisance, 3 sorties par jour sont proposées pour découvrir en nageant avec masque et tuba de petits paradis aquatiques (durée d'1h30 ou 3h) : le Capo Rosso et sa piscine naturelle, la baie de Cargèse et son rocher de Rocca Marina, la sortie au coucher du soleil avec l'apéritif, chaque balade est accompagnée par un professionnel passionné pour un souvenir mémorable. Magique ! Possibilité de louer le matériel et partir en autonomie.

Autre adresse : Plage de la viva 20166 Porticcio

LA PROMENADE À LA TOUR D'OMIGNA

Plage du Pero
Info@cargese.net
Ouvert toute l'année. Distance : 4,2 km. Durée : 2h aller-retour. Difficulté : facile.
Classée aux monuments historiques puis rachetée par le Conservatoire du Littoral, la tour d'Omigna constitue une belle randonnée au nord du village de Cargèse. Au départ de la plage du Pero, avancez sur la route jusqu'au portail métallique sur votre gauche. Suivez toujours le sentier en terre jusqu'au fameux édifice. La pointe réserve un point de vue à 360°, du capu Rosso à capu di Fenu. Retournez sur vos pas pour rejoindre Cargèse ; en tout, vous n'aurez marché que 2 heures !

SOCCIA ★★

On vous le dira, et tous les randonneurs en route pour le lac de Creno en feront de même : Soccia est le plus beau village du coin, le plus secret, loin de tout, et pourtant le plus animé. Vieilles pierres, panorama en balcon sur la montagne et qualité de vie inégalable. Si vous avez la chance d'y passer un 15 août, c'est la fête de l'année. Les villages des alentours affluent, on chante et on danse jusqu'au petit matin. C'est à Soccia donc que l'on laisse les chevaux-vapeur pour partir à la conquête de l'admirable lac de Creno, dans une cuvette, à 1 300 m d'altitude, dans un beau cirque montagneux, dont le Sant'Eliseo à plus de 1 500 m.

A voir – A faire

LE LAC DE CRENO (CRENA) ★★

Environ 3h de marche facile aller et retour.
Parangon de biodiversité dénombrant en son sein une horde de nénuphars et de plantes carnivores rares, ce magnifique lac naturel boisé, unique spécimen de l'Île, ressemble moins aux bassins glaciers endémiques qu'aux lacs scandinaves ! L'admirer prévoit une ascension à la galerie de décors époustouflants, avec un départ à la pointe du jour sous le soleil naissant pour profiter d'une impressionnante lumière aurorale. Caressant les sentiers à ciel ouvert, l'aube infusera une splendide forêt de pins laricio, dernière étape d'un périple à couper le souffle !

Sports / loisirs / activités

CANYON DU ZOÏCU ★★

Au-dessus du village de Soccia, voici l'un des beaux canyons de l'île, réputé pour la variété de ses paysages et pour la couleur émeraude de ses vasques. Au programme : tyrolienne, sauts, nages et descentes en rappel. Ce canyon convient très bien à l'initiation mais il exige de la part des participants une bonne condition physique. Il est déconseillé aux personnes trop sensibles au vide. Aucun saut n'est obligatoire. Dénivelé : 730 m. Approche : 15 minutes. Descente : 4 heures. Retour : 30 minutes. Hauteur maximum de rappel : 18 m.

REPÉREZ LES MEILLEURES VISITES

★ INTÉRESSANT ★★ REMARQUABLE ★★★ IMMANQUABLE ★★★★ INOUBLIABLE

PORTO ★★★

C'est la marine de la commune d'Ota. Son golfe est classé au patrimoine mondial de l'humanité par l'Unesco. Le delta est somptueux, les falaises dans la mer, pointes et criques aussi auxquelles on s'approche uniquement en bateau. À visiter : la tour carrée, restaurée, qui offre un panorama formidable sur le golfe. À l'intérieur, se trouve une exposition permanente qui vous fera découvrir en images l'histoire des tours de Corse. Mais l'atout principal de Porto est sans conteste sa proximité avec la réserve de Scandola, le port de Girolata et les calanques de Piana mais également celles de Porto, vers Serriera. Il suffit de voir le nombre de compagnies de promenades en mer et de loueurs de bateaux à moteur. Une escale de découverte d'une nature marine exceptionnelle pour profiter d'une marine très vivante et particulièrement agréable aux intersaisons avant la trop grande affluence touristique. S'il est interdit de plonger dans la réserve de Scandola, des sites de plongée en bordure offrent de très beaux paysages.

CORSE ÉMOTION

Place de la Marine
Rez-de-chaussée
de l'hôtel Les Flots Bleus
✆ 06 68 58 94 94
www.corse-emotion.com
corse-emotion@orange.fr
Embarquement port de Porto.
Fermé de novembre à mars. Ouvert de début avril à fin novembre. Réservation conseillée. Haute saison : ouvert tous les jours et les jours fériés de 8h à 20h. Départ toutes les heures et tarifs à partir de 25 €. Chèque Vacances. Visite guidée.

Armand, Ornella et leur équipe vous proposent, avec Corse Émotion, la visite des merveilles de la région de Porto à bord de deux semi-rigides de 12 places et désormais le semi sous-marin rouge (12 places) qui semble tout droit sorti d'une BD... Balade de 1h30 pour les Calanques de Piana et Capo Rosso, de 2h15 pour Scandola ; et pour le tour complet, comptez 3 heures de pure magie dans un environnement grandiose avec arrêt baignade. Une équipe fort sympathique et expérimentée pour des instants de partage en famille ou entre amis que vous n'êtes pas prêt d'oublier !

LE PASS'PARTOUT

Boutique Anthony ou restaurant
La Tour Génoise ruelle du Port
Place de la marine
✆ 06 75 99 13 15
www.lepasspartout.com
contact@lepasspartout.com
Ouvert toute l'année, tous les jours de 8h à 20h. Gratuit jusqu'à 1 an pour le 12 places. 2 bateaux (1 bateau 12 places : tarif unique de 40 € à 75 € / 1 vedette 38 places, hybride : de 35 € à 60 €, tarif enfant de 25 € à 45 €). Chèque Vacances. CB. Visite commentée. Gratuit jusqu'à 3 ans sur le 38 places.

Si la nature sauvage et les couloirs tortueux des grottes écumantes vous fascinent, alors le Pass'Partout est votre sésame des mers ! Des trésors endémiques de Scandola aux nuances volcaniques des créatures rocheuses des Calanques, vous aurez le choix de votre destrier : petit bateau rouge, mince et agile, ou vedette hybride et écolo, à tarif « familial ». Équipés à l'identique (wc, protection solaire, confort) et armés de caméras sous marines, ils vous proposeront deux expériences uniques de l'aventure corsaire. Ainsi qu'un coucher de soleil à couper le souffle !

VIA MARE

Hôtel du Golfe – La Marine
✆ 07 56 22 32 38
www.viamare-promenades.com
info@viamare-promenades.com
Fermé de novembre à mars. Ouvert tous les jours et les jours fériés de 8h à 21h. Réservation recommandée. Gratuit jusqu'à 5 ans. A partir de 20 € pour les enfants et 32 € pour les adultes. Chèque Vacances. Visite guidée (audio guide multilingues).

Cette compagnie de promenades en mer dispose d'un navire hybride éco-citoyens de moyenne capacité pour les visites du site de Scandola et Girolata, des calanques de Piana, voire le tour complet du golfe. Au programme : exploration des failles et grottes avec commentaires éclairés sur l'environnement et le brin d'humour qu'il faut pour une bonne ambiance à bord. Visite du port de Girolata et possibilité de baignade selon les circuits. Plusieurs départs par jour pour les 3 circuits. Le parcours des sites classés se fait exclusivement à propulsion électrique.

A voir - A faire

LA TOUR CARRÉE DE PORTO ★★

Place de la Marine
✆ 04 95 26 10 05
Fermé de novembre à mars. Ouvert de 9h à 19h. Gratuit jusqu'à 12 ans. Adulte : 2,50 €.

Après avoir subi plusieurs invasions maures et barbaresques, le golfe de Porto a mis à profit son relief pour édifier des tours de surveillance depuis des points hauts comme au Capo Rosso. La Tour de Porto, pour sa part, a été construite sur la commune d'Ota, dans le fond du golfe, sur le promontoire rocheux dominant l'embouchure du Porto. Elle surplombe le village, la marine et le petit port du haut de son rocher, à 45 m d'altitude. Édifiée au XVIe siècle pour surveiller l'horizon, elle était en relation avec les autres tours du golfe pour prévenir la population en cas de danger. Elle fut l'une des premières réalisées d'une telle ampleur et se distingue par sa forme carrée qui lui donne une allure de château fortifié, même si son rôle ne fut jamais de défendre mais bien d'alerter. Classée aux Monuments historiques en 1946, elle fut restaurée en 1993 afin d'être rendue accessible au public. La tour génoise de Porto abrite une exposition sur l'histoire des tours génoises de Corse. L'accès se fait en quelques minutes de marche par un petit chemin dans le granit.

La Tour Carrée de Porto.

Se restaurer

U PESCADOR

Rive Gauche – Plage de Porto
✆ 04 95 26 15 19
wiomariel@yahoo.fr
Ouvert de début avril à fin octobre. Ouvert tous les jours et les jours fériés le midi et le soir. Chaises bébé. Jardin. Terrasse. Vente à emporter.

Antoine Fieschi, fils et petit-fils de pêcheurs, a repris l'affaire familiale avec sa compagne Stéphanie Capaccini. Ils vous accueillent dans le restaurant de plage U Pescador, spécialisé dans les produits de la mer, à deux pas de la mer. La terrasse, bien aménagée, vous permettra de profiter d'un bon bol d'air. Gambas, langoustes et poissons selon la pêche sont à l'honneur sur la carte. Des snacks sont aussi proposés tout au long de la journée ; équilibrés et élaborés à partir de produits frais, ils combleront les petites faims.

Sports / loisirs / activités

ALPANA EXCURSIONS EN MER

Chemin de la tour génoise
Kiosque Alpana
✆ 06 69 69 04 05
www.scandola-girolata-piana.com
contact@alpana.corsica
Embarquement rive droite du port de Porto.
Ouvert de 9h00 à 20h00, pour toutes demandes d'informations, de 7h30 à 9h00, pour les réservations pour le matin même.

Un concept novateur créé par François-René, natif du village, qui cumule les qualités de skipper et de guide professionnel de pêche sportive. À bord de son bateau l'Alpana, l'aigle pêcheur, emblème du golfe, on découvre en visite guidée ou en partie de pêche les merveilles des calanques, de Scandola, de Girolata et des autres grottes du Capo Rosso. Plusieurs départs par jour de Porto ou formule à la carte en fonction des envies. Intimité (12 places), confort à bord (wc, douche) et maniabilité pour se faufiler dans les failles, et puissance pour le Fun (600 CV).

PATRICK ET TOUSSAINT

Port de Porto
Rive droite
✆ 07 82 51 13 44
www.patrickettoussaint.com
contacter@patrickettoussaint.com
Fermé de novembre à mars. Haute saison : ouvert tous les jours et les jours fériés de 9h à 18h.

Installé à Porto depuis 1990, Patrick et Toussaint mettent à votre disposition des kayaks biplaces et bateaux avec et sans permis pour partir à l'aventure. À bord de votre embarcation, vous aurez l'embarras du choix quant à la destination : les falaises ocres de Capo Rosso ou encore les eaux turquoise de la calanque de Piana et le golfe de Porto. Vous aurez toute la liberté de l'itinéraire et le choix des escales baignade. Plus d'une vingtaine d'embarcations de 2 à 15 places sont proposées à la location. Réservation recommandée.

REPÉREZ LES MEILLEURES VISITES

★ INTÉRESSANT ★★ REMARQUABLE ★★★ IMMANQUABLE ★★★★ INOUBLIABLE

OTA ★★

Ota est le chef-lieu de la marine de Porto. Un amour de village perché à 300 mètres, sous son rocher, à l'entrée des gorges de la Spelunca. La rivière y est fraîche et vive, la vue sur le golfe de Porto est fort belle. On s'y régale de brocciu AOC de Piana et du fromage de chèvre d'Ota. Une route sinueuse relie Ota et sa marina de Porto. En empruntant les escaliers escarpés, vous découvrirez le village d'en haut, Cabu Subranu, et celui d'en bas, Cabu Sutanu. À proximité, deux ponts génois. Le pont de Zaglia, en mauvais état, se trouve près de la jonction Aïtone Tavulella : il est presque en ruines. Le pont de Pianella, sur le delta, restauré, enjambe les deux rivières qui s'y rejoignent.

OSANI (GIROLATA) ★

Dominant le golfe de Porto, le petit village d'Osani se compose de quelques hameaux dispersés sur les pentes du Castellacciu, et s'étend jusqu'à la mer. Curzu, l'un des hameaux principaux, possède une belle église, de vieilles maisons aux façades de granit et même un gîte d'étape. Le littoral est gardé par des tours génoises, sur les îles de Gargalo et à Elbo. C'est sur cette commune que se situe la fameuse réserve de Scandola et le port de Girolata.

A voir – A faire

■ **GIROLATA** ★★★★
✆ 04 95 50 02 52
https://port-girolata.com/
contact@port-girolata.com
Accessible toute l'année par bateau.
Il y a peu, à Girolata, il n'y avait ni électricité ni téléphone. Aujourd'hui encore, aucune route n'arrive jusqu'à ce village de pêcheurs. Les randonneurs partent du col de la Croix pour 4 h de marche AR en passant par la jolie plage de Tuara. On peut arriver par la mer et des nombreuses sorties commentées en bateau sont organisées. La visite commentée, passe entre les roches à la découverte d'une grotte, d'un nid de balbuzards ou des orgues volcaniques. On peut même y passer la nuit (la baignade au petit matin est magique) et repartir par le bateau du lendemain.

© HELOVI

La Réserve Naturelle de Scandola.

LA RÉSERVE NATURELLE DE SCANDOLA ★★★★

Girolata

✆ 04 95 62 04 13

casamarina@pnr-corse.fr

Accessible toute l'année.

Visiter la réserve naturelle de Scandola, c'est découvrir l'un des plus beaux sites naturels de Corse, inscrit au patrimoine mondial de l'Unesco. Trésor écologique d'environ 2 000 ha, répartis entre la presqu'île de Capo Rosso et Galeria, soit 80 km, elle est créée en 1975 sous l'impulsion du Parc naturel régional étant alors la première réserve française à la fois terrestre et marine. Reconnue au niveau européen comme l'une des zones de Méditerranée à protéger en priorité, on y trouve une faune particulièrement riche et rare : les derniers balbuzards, aussi le faucon pèlerin, le merle bleu, le martinet pâle, et en mer, 450 espèces d'algues, des poissons devenus rares en Méditerranée, et de magnifiques bancs de coraux. L'excursion en bateau offre des paysages uniques, comme ces orgues volcaniques dont certains, par un miracle de renversement naturel, comportent des stries horizontales. La tour génoise, construite dans la partie sommitale du rocher de Gargalo, est la seule de toute la Corse à avoir conservé son canon, pointé vers le large. L'accès maritime est sévèrement réglementé pour préserver cet espace naturel exceptionnel pour les générations futures. Bivouac interdit, plongée en scaphandre autonome interdite, mouillage autorisé de jour uniquement et interdit jour et nuit dans la partie intégrale. Offrant de spectaculaires paysages, la sortie en bateau dans la réserve est considérée comme l'un des incontournables d'un voyage en Corse.

Sports / loisirs / activités

GRADELLE KAYAK

D424

Plage de Gradelle

✆ 06 23 08 38 07

toussaint.rossi@sfr.fr

À 25 km de Porto et 60 km de Calvi.

Ouvert de début mai à fin septembre. Ouvert tous les jours de 9h à 19h. Tous les jours 9h à 19h.

Vous aimez la liberté, le dépaysement, les grands sites naturels, les eaux translucides ? Vous êtes ici sur le meilleur site de départ pour découvrir la magie de Girolata ! Au départ de la plage de Gradelle, on trouvera une flotte de kayak en location sèche. Location à l'heure pour la découverte des criques, des petites plages intimistes et de la côte escarpée et sauvage du site incontournable de la côte Ouest. Formule d'hébergement sur place, restauration et panier pique-nique si nécessaire. Pensez à vous munir d'une tenue de plage.

COGGIA

C'est l'un de ces villages à flanc de montagne de la côte Ouest, perché au-dessus de sa marina et de sa plage. La face littorale de Coggia compose avec la station balnéaire de Sagone. À 400 m d'altitude, le village, lui, est accessible par la mer côté plage du Liamone ou par la montagne au niveau de l'embranchement d'Appricciani. Avec ses maisons de granit rose, il ne manque pas de charme. Coggia est connu pour être le pays de la famille Bianchi de Ligurie qui s'y installèrent au XVe siècle. Les Bianchi et leurs descendants en charge de chasser les bandits de la région, tâche impossible (!), aidèrent par la suite à l'établissement d'une colonie grecque à Paomia.

La **plage du Liamone** se déploie sur 4 km de plage à l'embouchure du fleuve du même nom offrant à la fois les plaisirs de la mer et de la rivière, plage encore assez sauvage même si l'on y trouve deux paillotes pour y déjeuner. Elle est surveillée en saison car les courants peuvent y être violents.

CALACUCCIA ★

A proximité du magnifique site du col de Vergio, dans un environnement superbe, au sein de la forêt de Valdoniellu et dans un écrin de hautes montagnes de l'île, se niche le lac artificiel de Calacuccia, mis en eau en 1968. Celui-ci est un spot de pêche très apprécié pour la truite dès l'ouverture en mars et offre de nombreuses activités nautiques. Au départ de Calacuccia, camp de base des alpinistes à l'orée du Niolu, de nombreuses randonnées pédestres sont possibles.

D'ailleurs, le village est situé sur le sentier de Mare a mare nord et sur le sentier de l'Ile-Rousse/Corte. Calacuccia, capitale du Niolu, invite à cheminer de ruelles en escaliers de pierre à la découverte du patrimoine et de petites adresses cachées. L'église paroissiale Saint-Pierre-et-Saint-Paul abrite un Christ en bois sculpté au visage très expressif. Côté pratique, à l'orée de l'hôtel Acquaviva, l'unique station-service du coin dispose d'un petit atelier de mécanique.

AS NIOLU

Avenue de Valduniellu

✆ 04 95 48 05 22

www.haute-montagne-corse.com

asniolu@gmail.com

CB non acceptée.

C'est l'association sportive du Niolu. Paul-André Acquaviva, moniteur breveté en Canyon et accompagnateur en moyenne montagne, organise toute l'année, avec son équipe, la découverte des sites naturels du Niolu et de ses environs. L'environnement est propice pour le canyoning, avec le site de la Ruda dans la Scala di Santa Regina et le site de Frascaghiu dans la forêt du Valduniellu. Pour l'initiation à l'escalade, direction Cuccia. Il y a même un parc aventure pour adultes et enfants à la maison forestière de Poppaghia, sur la route du col de Verghia.

LAC DE CALACUCCIA

Sur la D84

Au sud du village de Calacuccia et à près de 800 m d'altitude, le lac de Calacuccia est un lac artificiel résultant du barrage hydrologique sur le Golo et alimenté par quelques autres cours d'eau moins importants. Il a été mis en eau pour réguler les débits du Golo afin d'alimenter l'usine électrique de Sevenzia édifiée sur ses berges et pour l'irrigation de la plaine Orientale. Il marque le paysage et offre ses criques et ses rives pour profiter du calme et de l'environnement. On y pratique plusieurs activités : pêche, baignade, kayak, paddle...

CENTRE CORSE

À égale distance de Bastia et d'Ajaccio, Corte et le centre Corse sont au cœur de l'île et du Parc naturel régional de Corse. Ici, se conjuguent nature, culture et traditions culinaires. Capitale historique de la Corse, Corte fut établie en 1755 par Pasquale Paoli, père de la Nation corse et fondateur de l'Université de Corte. Depuis le belvédère de sa Citadelle, vous jouissez d'une vue panoramique sur les vallées de la Restonica et du Tavignanu. Cette région de nature préservée, montagnarde et rurale, abrite une terre de pastoralisme et de transhumance, riche en savoir-faire culinaires et artisanaux. Sommets escarpés et hauts plateaux, vallées somptueuses et nombreux cours d'eau dont on apprécie les piscines naturelles et les cascades composent des paysages sublimes et abritent une grande biodiversité, tant au niveau de la flore que de la faune. La baignade dans les rivières des vallées de la Restonica, du Tavignanu ou du Verghellu attire de nombreux visiteurs alors que le canyoning, les tyroliennes géantes, la via ferrata et l'accrobranche réjouissent les sportifs et les amateurs de sensations fortes.

CORTE ★★★

Au milieu des montagnes et au centre de l'île, pierre angulaire de l'histoire de la Corse et dotée d'une belle citadelle perchée, Corte est la capitale de cœur de nombreux Corses et le carrefour des visiteurs lassés de l'ambiance plage et de l'affluence sur les côtes. Ici, demeure une ambiance montagnarde. Corte a marqué l'histoire au fil des siècles avec des hommes et des femmes qui résistèrent

Corte.

à l'occupant. C'est aujourd'hui une ville agréable à vivre, une ville étudiante qui abrite l'Université de Corse, tout à la fois paisible et animée dont on apprécie le coût de la vie modéré alors que flambent les tarifs dans les stations balnéaires. Corte est le camp de base parfait pour les amateurs d'escalade, de randonnée, de canyoning, de rafting et de sites naturels exceptionnels.

A voir - A faire

LES LACS DE MELU ET CAPITELLU ★★

Haute vallée de la Restonica

Durée : 1h30 de marche pour le lac de Melu et 2h15 pour le lac de Capitellu.

Ces lieux sont particulièrement renommés et très prisés pendant la saison estivale. Le point de départ se situe aux bergeries de Grotelle, perchées à 1 370 mètres, au bout de la route de la vallée de la Restonica. Le lac de Melu est positionné à 1 700 mètres, tandis que celui de Capitellu culmine à 1 930 mètres. Orientez-vous vers le lac de Melu, que vous pourrez rejoindre en une heure. Ensuite, suivez le bord du lac, traversez le cours d'eau et contemplez le lac de Capitellu.

LA VALLÉE DE LA RESTONICA ★★★

D623

✆ 04 95 46 26 70

www.centru-corsica.com

corte.tourisme@wanadoo.fr

Randonnée de 3 heures 30 environ.

Nichée au cœur du Parc régional de la Corse, la vallée de la Restonica est un site classé très prisé. La route pour s'y rendre a été endommagée récemment par une tempête. Un service de navettes

© JON INGALL – SHUTTERSTOCK.COM

Les lacs de Melu et Capitellu.

vous permettra de rejoindre les bergeries de Grotelle, le point de départ de cette aventure. Les lacs de Melo, Capitello, Goria et ceux du Renoso sont autant de points d'intérêt dans le massif de la Restonica. Prévoyez environ 3h30 pour le trajet aller-retour.

LA VALLÉE DU TAVIGNANO ★★

Accessible toute l'année.

En suivant les gorges de ce fleuve, après environ 4 heures d'effort, vous parviendrez au lac de Nino (Ninu) et à ses pozzines, perchés à une altitude de 1 743 mètres. D'autres découvertes vous attendent également, telles que la Passerelle du Russulinu (4 heures), l'Arche de Corte ou Scandulaghja (6 heures), ainsi que le refuge de la Sega (8 heures). Vous aurez également la possibilité de vous détendre en vous baignant dans les nombreuses piscines naturelles, de faire de l'équitation ou tout simplement de profiter de belles promenades.

Sports / loisirs / activités

ALTIPIANI

2, place Paoli ✆ 09 60 37 08 42
https://canyon-corte.com
info@altipiani.fr
Gare ferroviaire de Corte.
8 min à pied, par la passerelle.
Ouvert toute l'année. Basse saison : du lundi au samedi de 9h à 12h30 et de 14h30 à 19h. Haute saison : tous les jours et les jours fériés de 8h30 à 20h. Chèque Vacances. Chef de centre : Agnès Donnet BE escalade / canyon et moyenne montagne. Matériel canyon Camaro. 12 personnes maxi par sortie à partir de 55 € (canyon du Verghellu) et à partir de 50 € (canyon du Capelli).
Cette petite structure pointue, sérieuse et réputée, animée par deux moniteurs, propose des activités autour du canyoning, de l'escalade et la location de vélos à assistance électrique avec circuits organisés. Ceci de l'initiation au perfectionnement, dans les meilleurs spots de la vallée de la Restonica ou d'ailleurs. Au menu, sauts, toboggans, rappels et tyrolienne, du familial au sportif. Le magasin dédié au matériel d'escalade et de rando est l'un des rares de l'île vraiment spécialisés dans ces sports. Les vélos en location sont de grande qualité.

LE CANYON DU TAVIGNANO

Gorges du Tavignao
Durée : 1h30 à 2h d'approche, 2h à 4h de descente, 30 mn de marche retour. Période de la mi-avril à la fin septembre.
Explorez les gorges les plus profondes de la Corse au sein de la Vallée du Tavignano en vous lançant dans une aventure de canyoning. Nichée au cœur du massif cortenais, cette descente est une expérience aquatique riche en sauts, toboggans naturels et baignades dans diverses piscines naturelles, offrant ainsi des souvenirs mémorables. En termes de niveau, ce canyon convient parfaitement aux débutants, bien que les participants nécessitent une bonne condition physique. Prévoyez environ quatre heures pour apprécier pleinement cette descente à votre rythme.

ALBERTACCE ★

C'est sur cette commune que se situe le versant intérieur du célèbre col de Vergio, site magnifique qui abrite une haute statue d'un Christ en croix et les sources du Golo. En contrebas, à l'écart de la route, Albertacce est un beau village aux maisons baroques. Les environs regorgent de vestiges préhistoriques, et on trouve même une statue-menhir au lieu-dit Cornadoja. L'archéologue Acquaviva y fonda le musée Lieninoï pour conserver de nombreux vestiges locaux. Du hameau de Calasima, le plus haut de Corse, à 1 100 m, on peut attaquer le tour des sommets des Cinque Frati, qui culminent à plus de 2 300 m d'altitude. On peut également partir randonner dans la forêt de Valdo Niello, l'une des plus vastes de Corse, connue pour ses pins laricio géants.

LES BERGERIES ET CASCADES DE RADULE ★

Accessible toute l'année. Durée : 2 heures.
La balade jusqu'aux cascades et aux bergeries de Radule commence dans le virage en épingle du fer-à-cheval, à quatre kilomètres en contrebas du col de Vergio, sur la D84. Suivez le balisage

bleu. Un sentier semi-ombragé qui fait une boucle vous conduira aux bergeries. De là, vous descendrez aux cascades, dans lesquelles vous aurez plaisir à vous baigner en été. Comptez environ 2 heures de marche pour faire la boucle. Cette balade est assez facile à faire en famille.

■ LE LAC DE NINO ★★★

Durée : 4h30 A/R. Difficulté : moyen.
Le lac de Nino est un joyau perché à 1 743 mètres d'altitude dans le massif du Rotondo. La balade n'est franchement pas évidente et il vaut mieux être bien chaussé. Arrivé en haut, c'est vraiment sublime. À la différence des autres lacs d'altitude, Melo et Capitello, Nino a la particularité d'occuper un site très ouvert. C'est un lac glaciaire qui a la réputation d'être le plus beau de Corse. On y découvre les pozzines, de « *pozzi* » qui signifie « puits » en Corse. Il s'agit de trous remplis d'eau, au sein de pelouses herbeuses très épaisses aux allures de mousse. Si les pozzines sont typiques des montagnes corses, celles du lac de Nino sont les plus connues. Vous partagerez le site avec les chevaux, les vaches et les cochons sauvages qui y pâturent en liberté à la belle saison. Le point de départ de la balade jusqu'au lac de Nino se trouve à côté de la maison forestière de Poppaghia sur la D84, au nord-est d'Evisa et du col de Vergio, à 1 076 mètres d'altitude. C'est une randonnée assez sportive (700 mètres de dénivelé) avec 4h30 de marche soutenue (aller et retour). Il est possible d'accéder au lac de Nino depuis un autre point de départ, directement de la station de ski du col du Vergio, à 10 kilomètres d'Evisa, sans aucune difficulté sauf à prendre en compte la distance totale et le temps de marche sur 15 kilomètres, pour une durée totale de marche de 8 heures aller et retour. Mais, quel que soit l'itinéraire que vous choisirez, vous ne regretterez certainement pas cette randonnée à la découverte du lac et des pozzines.

© SASHA64F – SHUTTERSTOCK.COM

Les Bergeries et Cascades de Radule.

VENACO ★★

En contrebas du Monte Cardo (2 454 m d'altitude), Venaco est l'un des villages préservés les plus connus du centre Corse. Sa position haute dévoile de larges paysages forestiers et pastoraux de la vallée du Tavignano et du Vecchio. Élégant avec ses maisons en escaliers, c'est un camp de base pour les randonneurs et une escale pour les amateurs de fromage. Venaco est célèbre pour donner accès à de nombreuses randonnées et sites de baignade en rivière et de canyoning, mais aussi pour son fromage dont l'origine remonte à plus de quatre siècles. C'est l'un des 5 fromages AOC de Corse.

Ce U Venachese est honoré tous les premiers week-ends de mai, depuis 1996, lors de la A fiera di u Casgiu, foire gourmande et artisanale très populaire qui réunit les producteurs de la région. À proximité : la forêt de Cervello, la vallée du Vecchio, le lac du Monte Rotondo, les gorges du Vecchio et le viaduc de Gustave Eiffel conçu en 1880, sans oublier la Vallée du Verghellu où se pratique le canyoning et où crapahutent les mouflons.

LE VECCHIO

Pont du Vecchio

Marche d'approche : 10 min. Durée 3 H. Marche retour : 20 min. Niveau facile.

Très fréquentées, les piscines naturelles de Corse font partie de la renommée de l'Île de Beauté. Non loin de Venaco, la partie basse du Vecchio offre une magnifique randonnée aquatique et familiale, particulièrement adaptée aux enfants. Eaux transparentes, cadre idyllique, l'Île se pare de ses plus beaux atours pour vous proposer un véritable moment de détente ! La nage en rivière est l'attrait principal de ce parcours, avec une descente ponctuée de sauts et de passages d'obstacles, idéal pour découvrir les richesses naturelles du Vénacais de manière ludique.

VIVARIO ★★

Dominant la vallée du Vecchio arrosée de cours d'eau et de cascades, Vivario est un village de caractère entouré de cirques et de hauts sommets qui attirent les randonneurs en été et les skieurs en hiver. De nombreuses randonnées sont possibles aux alentours. À proximité de Vivario, le pont du Vechju, ouvrage d'art conçu par Gustave Eiffel et construit à la toute fin du XIXe siècle, vaut le détour.

LA CASCADE DES ANGLAIS

RT20 – Col de Vizzavona

Durée : 40 minutes AR. Difficutée : facile.

C'est l'une des balades les plus connues et fréquentées en haute saison. Une vingtaine de minutes suffisent pour y accéder depuis la RT20 qui relie Bastia à Ajaccio en passant par Corte. Garez-vous au parking au col de Vizzavona (Foce di Vizzavona) juste avant d'entamer la descente vers Ajaccio. Le sentier part du côté droit de la route nationale en venant de Corte. Enfoncez-vous dans la forêt de hêtres, le sentier redescendant sur la gauche. Vous traverserez un passage rocailleux avant de déboucher sur la cascade et ses belles vasques qui invitent à la baignade.

LA CASCADE DU MELI

Durée : 2h AR. Difficulté : facile. Balisage Orange.

Depuis le hameau de Canaglia, vous emprunterez une piste marquée par un balisage orange, qui vous guidera tout au long d'une marche bucolique avant de devenir un sentier. Lorsque celui-ci se sépare en deux voies opposées, vous emprunterez celle de droite en direction de Tolla, qui vous amènera en quelques minutes au magnifique Manganello, affluent du Vecchio. Bordant le ruisseau, la totalité du parcours suit le cours de son eau claire. Malgré leur fraîcheur, les nageurs les moins téméraires ne résisteront pas longtemps à l'attrait de ses somptueuses vasques !

CASTAGNICCIA MARÉ È MONTI

Sur la côte orientale, à 20 km au sud de Bastia, entre mer et montagne, la région de Castagniccia Maré è Monti totalise 65 villages typiques perchés au-dessus de la mer Tyrrhénienne, dans un environnement naturel préservé, et 26 km de littoral avec des plages de sable, un port de plaisance et des stations balnéaires. Castagniccia Maré è Monti regroupe quatre micro-régions : la Costa Verde, la Casinca, la Castagniccia et le Casacconi-Golu-Suttanu. Vous avez le choix des activités ludiques et culturelles, des plaisirs nautiques et des expériences comme celles d'assister à une messe chantée. Dans cette région coulent des eaux ferrugineuses qui abreuvent des fontaines monumentales.

SAN NICOLAO ★★

San Nicolao s'étend sur les contreforts du mont Castellu d'Osari qui abrite ses cinq hameaux pittoresques jusqu'au littoral de la mer Tyrrhénienne avec la station balnéaire et la plage de Moriani. Il fait bon cheminer dans les ruelles de ces hameaux préservés et sur les sentiers de randonnée pédestre de la Costa Verde. La route de la corniche est très agréable et vous mène à la cascade de l'Ucelluline. On peut voir aussi l'aqueduc romain de l'Ercate depuis la route qui monte au village. La commune abrite le mémorial de Pasquale Paoli et programme généralement à la fin du mois de juillet le festival Padul'Ella de chants 100% féminins. L'église baroque construite au début du XVIIIe siècle servait autrefois de poste de guet.

A proximité, on découvre aussi avec bonheur **Santa Lucia de Moriani** et ses hameaux. La commune occupe de même un amphithéâtre naturel descendant vers la mer. Entre la rivière du Petrignani avec ses moulins à eau, au sud, et le ruisseau de l'Avidanella, au nord, elle offre une multitude de paysages jusqu'à sa façade maritime de près de 2 km.

A voir – A faire

LA CASCADE DE L'UCELLULINE ★

D34

Accessible toute l'année.

Entre le village de Poghju et le hameau de Fano, sur la route de la corniche, deux tunnels creusés dans la roche annoncent la cascade de l'Ucelluline. Le chemin est escarpé, mais le site en vaut la peine ! Les vasques naturelles d'eau pure et vivifiante attirent non seulement les adeptes de la baignade, mais également les amoureux de canyoning et d'escalade. N'hésitez pas à venir de nuit avec un bon éclairage pour découvrir le spectacle de la cascade illuminée, absolument saisissant !

Sports / loisirs / activités

CANYON'ISULA
270, route de l'ancienne voie ferrée
✆ 06 13 55 81 84
https://isula-muntagne.com/
Sur réservation.
Nicolas, originaire de San Nicolao, a créé Isula Muntagne en 2004 et vous invite sur la base de Canyoning en Costa Verde pour une découverte de l'activité, ou pour un perfectionnement. Sensations garanties quoi qu'il en soit. Dans une nature préservée, vous profitez des connaissances de moniteurs diplômés. Via cordata, sauts toboggan, tyrolienne, grottes, descente en rappel pour tous niveaux. De multiple formules sont proposées y compris des randonnées pédestres ou VTT dans ce territoire de Castagniccia point de départ de plus de 200 km de sentiers.

MORIANI PLAGES
Moriani est la station balnéaire de San-Nicolao qui offre l'une des plus grandes plages de sable fin de Corse. Sur le littoral, s'alignent les campings, les villages vacances, les restaurants, les paillotes et les boutiques de plage.

A VENZULESCA

Le village s'étend sur la surface littorale, depuis l'embouchure du Golo jusqu'à la commune de Sorbo-Ocognano. Le village construit dans la montagne à l'abri des invasions, s'étale sur une sorte d'amphithéâtre naturel descendant vers la mer. C'est un village traditionnel, miroir de l'architecture corse, dont les belles maisons témoignent encore de son histoire. L'originalité de Venzolasca repose sur sa rue principale et ses anciennes ruelles en pierre de Brando. Sur la façade maritime du village, on trouve le site de Mucchiatana, acquis par le conservatoire du littoral en 1982. C'est un site magnifique, peuplé d'eucalyptus et de genévriers, et entouré de dunes. L'eucalyptus, dont certains spécimens peuvent atteindre les huit mètres de haut, est la principale richesse du site. L'espèce qui pousse sur les plages de Venzolasca est d'ailleurs rare et protégée.

CERVIONI

Bourg en balcon surplombant la plaine orientale, Cervione se situe à la lisière de la Castagniccia, avec l'Alesani. Résidence d'été romaine, puis siège des évêques d'Aléria de 1578 à la Révolution française, Cervione fut la capitale de la Corse en 1736 sous le court règne de l'éphémère roi de Corse Théodore Ier. La commune abrite le couvent Saint-François, construit au XVIe siècle, et la cathédrale Saint-Erasme, une des premières églises baroques de Corse. À l'ouest de Cervione, se trouve la chapelle de la Madonna di a Scupiccia, la Vierge des Bruyères. La Vierge qu'on y trouve fut sculptée à Florence au XVIe siècle dans du marbre blanc et était à l'origine destinée à la cathédrale de Cordoue. Pour la fête de la Vierge, le 15 août, une procession a lieu à la tombée de la nuit à la lueur des flambeaux, et les habitants décorent pour l'occasion leur maison avec des bougies. Cette tradition du *paese in luce*, village illuminé, a repris dans les années 1990. D'autres villages de la montagne Corse valorisent la châtaigne, Cervione a donné son nom à une noisette bénéficiant d'une AOP, la noisette de Cervione, de variété Fertile de Coutard, petite noisette à l'amande en forme de cœur. À une dizaine de kilomètres, sur la côte, à San-Juliano, on trouve l'atelier de la noisette qui lui est dédié.

ORIZONTE

Paesolu di Prunete
✆ 04 95 38 09 00
www.hotelorizonte.com
info@hotelorizonte.com
À 48 km de Bastia.
La paillote Prunette ouverte de mi-mai à mi-septembre. Le restaurant de l'hôtel : service le soir. Ouvert tous les jours et les jours fériés le midi et le soir. Réservation recommandée. Carte : 30 € environ. Menu enfant : 11€. Poisson de 15,50 € à 21 €. Viande de 19 € à 26 €. Vin au verre. Soirées musicales en saison. Chèque Vacances, Chaises bébé. Jardin. Terrasse. Vente à emporter. Animations.
Sur la grande plage de Prunette, les pieds dans l'eau, on aime cette paillote sympa, qui appartient à l'hôtel juste au-dessus. On s'y régale de grillades de viande ou de poisson et de pizzas au feu de bois. Les desserts maison, notamment le fameux Paris-Brest, sont à tester ! L'établissement dispose de trois espaces : une salle intérieure, une salle dédiée aux groupes et une terrasse au bord de la piscine, pour se prélasser durant les beaux jours. Beaucoup de soirées musicales sont organisées au bar, dans une ambiance lounge. Détente estivale au rendez-vous !

LORETU DI CASINCA

Dominant la Casinca à 680 m d'altitude, Loreto est un magnifique nid d'aigle flanqué d'un rocher et offrant une vue époustouflante sur la plaine orientale, la mer et au loin Bastia. Une magnifique table d'orientation en porcelaine, œuvre d'un artiste local, représente ces sites ainsi que des animaux et des plats traditionnels.

La vaste place principale ombrée de platanes est très agréable, on y vient discuter, jouer, s'amuser. Elle est située non loin de l'église Saint-André. De style baroque, cette église paroissiale abrite le fameux tableau représentant Notre-Dame de Loreto, objet d'un grand pèlerinage. Le village se distingue aussi par son école primaire bilingue, français/corse.

A voir – A faire

A FUNTANONA, FONTAINE-ABREUVOIR

A l'entrée du village
Ouvert toute l'année. Gratuit.
C'est la fontaine la plus imposante de Corse, elle date du milieu du XIXe siècle et servait d'abreuvoir aux troupeaux selon un ordre bien établi. Forte de trois arcades en schiste et de six canons d'eau de bronze à mufle de dauphin, elle offre une eau claire et fraîche en abondance et en toutes saisons. Captée à la source sous le sol, elle est potable et délicieuse. Les troupeaux n'y font plus escale et son usage est désormais réservé aux habitants et aux passants. Une autre fontaine publique existe au sein du village, sur la place principale.

Se restaurer

MAMIE LILI
Place du Village
✆ 06 36 36 71 68
Ouvert de début mai à fin septembre. Ouvert tous les jours le midi. Salades et assiettes de 5 € à 18 €.
Le food-truck corse de Mamie Lili affirme sa « corsitude » et stationne sur la magnifique place de Loreto-di-Casinca aux beaux jours. On peut s'installer sur la terrasse du bar voisin pour déguster une planche, une salade et autres délices cuisinés par la patronne au son de polyphonies corses. On s'attarde avec plaisir lors de cette escale de charme avant de profiter d'un point de vue féerique sur la côte et Bastia du promontoire sous le rocher. La patronne partage volontiers ses adresses de fournisseurs dont la viticultrice et le boucher-charcutier du village.

RAPPAGIO

A 600 m d'altitude, Rapaggio se situe au cœur de la Castagniccia, en Orezza, connue pour ses eaux gazeuses et ferrugineuses. C'est un village préservé avec ses maisons hautes en pierre, disséminé en hameaux selon la tradition. C'est sur cette commune que se trouve l'usine d'embouteillage des eaux d'Orezza, eaux gazeuses et ferrugineuses connues depuis l'Antiquité.

SOCIÉTÉ D'EXPLOITATION DES EAUX MINÉRALES D'OREZZA
D46
Acqua Acitosa
✆ 04 95 39 10 00
www.orezza.com
info@orezza.fr
Ouvert toute l'année. Du lundi au vendredi de 11h à 17h ; le samedi de 11h à 16h. Sur rendez-vous. Gratuit. Visite guidée (pour groupe de 10 personnes sur réservation). Boutique.
C'est ici, dans le petit village de Rapaggio, au cœur de la Castagniccia, que se trouve la source de la fameuse eau minérale gazeuse d'Orezza, qui désaltère la Corse toute entière ! Exploitée depuis 1856, la source a été déclarée d'intérêt public en 1866. Riche en fer et en gaz carbonique naturel, son eau est recommandée pour lutter contre l'anémie et pour faciliter la digestion. L'usine, qui produit plus de 10 millions de bouteilles par an, se visite gratuitement sur rendez-vous.

SANTA MARIA POGGIO

Situé à proximité des villages de San-Nicolao et Cervione, Santa Maria Poggio abrite, avec le port de Taverna, le seul port entre Bastia et Solenzara. Abrité des vents d'ouest, ce port de plaisance confortable offre une escale agréable et conviviale sur la mer Tyrrhénienne. Totalisant 450 places, dont 100 réservées au passage, et équipé d'une drague, il accueille des bateaux jusqu'à 25 mètres. Les plaisanciers et les touristes peuvent compter sur place sur une dizaine de commerces. Le port de Taverna constitue pour les navigateurs un excellent camp de base pour partir à la découverte de la Castagniccia.

LE PORT DE TAVERNA
✆ 04 20 04 09 00
www.port-taverna.fr
porttaverna2b@gmail.com
Haute saison : ouvert tous les jours. Fermé samedi après-midi et dimanche en hiver.
Situé à proximité des villages de San-Nicolao et Cervione, c'est le plus important port de la plaine orientale. Ses caractéristiques d'accueil sont les suivantes : voies à quai, installations sanitaires, droit de port, accès difficile par vent fort de nord-est, sinon facile par tous temps, abrité sauf est à nord-est. Nombre d'anneaux : 464 places dont 100 réservées au passage, tirant d'eau 2,50 m. Equipements : VHF Canal 9, slip et cale de carénage, eau et électricité à quai, carburant à quai, grue élévatrice 5 tonnes, hivernage.

U PETRICAGHJU

Au sein de la vallée de l'Alisgiani, ce village perché de la Costa Verde invite à partir sur les sentiers de randonnée pour découvrir les ruines d'un pont génois et la source d'eau ferrugineuse de Pardina. C'est un village de montagne où perdurent une activité d'élevage et où l'on peut trouver des fromages et la charcuterie artisanales. Intégrée au Parc régional de la Corse, la commune est classée zone ZNIEFF pour sa châtaigneraie – petite. Le bourg abrite l'église baroque San Salvadore du XVIIIe siècle aux décors intérieurs réalisés par le peintre Domenico Baino.

LE GOLU

C'est le **Golo** en français et le plus grand fleuve de Corse. Il prend naissance sur les hauteurs du Niolu à 1 990 m d'altitude, juste derrière le refuge de Ciottulu a i Mori sur le GR20, au sud de la Paglia Orba. Après un parcours de 90 km, Le fleuve Golo se jette dans la mer Tyrrhénienne, au sud de l'étang de Biguglia en longeant le site de Mariana. Le Golo est enjambé par de nombreux ponts dont certains historiques et ponctué de plusieurs barrages hydrologiques. Plusieurs spots de baignade sont dispatchés le long du fleuve, dont celle, très prisée, au niveau du lieu-dit Ponte Altu (Albertacce), au pied d'un pont génois, en aval du pont routier de la RD 84. Outre un lieu de baignade agréable, le site offre un point de vue sur le fleuve et les montagnes environnantes du Niolu. Quant à l'embouchure du Golo, l'un des joyaux du Conservatoire du littoral, elle offre des zones humides précieuses pour la biodiversité que l'on peut apprécier en se promenant en pirogue dans le respect de l'environnement.

REPÉREZ LES MEILLEURES VISITES

★ INTÉRESSANT ★★ REMARQUABLE ★★★ IMMANQUABLE ★★★★ INOUBLIABLE

CORSE ORIENTALE

Bordée d'un littoral de sable fin, la Corse orientale est une région naturelle associant découverte du patrimoine et activités de plein air, et une destination idéale en famille. Cette région qui s'attache au développement d'un écotourisme vous invite à plonger dans une aventure aquatique unique version mer ou version rivières et 100% oxygène. Côté mer, vous profitez de longues plages sauvages bordées de pinèdes odorantes où vous avez le choix des activités nautiques : baignade, pirogue hawaïenne, canoë et autres sports nautiques, plongée sous-marine, navigation (bateau sans permis), promenade en mer... C'est près de la côte, sur la commune de Ghisonaccia que vous découvrez l'étang d'Urbino, deuxième plus grand étang de Corse, et paradis des oiseaux. Côté rivière, en remontant dans les vallées vers les massifs, vous profitez de baignades en eaux cristallines, de descentes dans les canyons, de randonnées le long des berges et des rives des lacs.

ALERIA ★★

On vient à Aléria visiter son site archéologique riche des vestiges remarquables d'une nécropole pré-romaine, d'un temple, d'un forum, d'une villa romaine, des mosaïques, etc. Entre l'étang de Diana et celui d'Urbino, sur les berges du Fluvignano, Aléria marie archéologie et biodiversité. En été, ce sont les plages de rêve de cette commune qui attirent les visiteurs. La plage de Casabianda et la plage de Padulone avec leurs eaux turquoise et leur sable fin sont très appréciées. De même, la plage de Tallone, entre l'étang de Terrenzana et celui de Diana, bordée de forêt, est un autre site de charme. Vous avez le choix des activités : louer un stand up paddle pour une balade sportive depuis la plage de Padulone, partir en canoë depuis le centre nautique d'Aléria, à l'embouchure du Tavignano pour partir sur les eaux douces et remonter le fleuve en croisant des monuments historiques et des sites naturels superbes, randonner le long des étangs classés du bord de mer à Aléria, étang d'Urbino, de Diana ou del Sale, chapelet de réserves naturelles de toute beauté et de grande richesse biologique. Enfin, Aléria offre ses richesses conchylicoles dont les célèbres moules de l'étang de Diana et, alentours, celles des vignobles, des oliveraies et autres cultures maraîchères de cette région fertile.

A voir – A faire

L'ÉTANG DE DIANA ★★

Accès depuis la RT10 en direction
du domaine de Terranzana
sur une piste en terre.
Accessible toute l'année.
Connu depuis l'Antiquité, c'est aujourd'hui encore le haut lieu de l'aquaculture en Corse. Les Romains étaient friands de coquillages et les huîtres corses étaient réputées. On garde encore les traces de

L'étang de Diana.

leur élevage ostréicole avec l'îlot des pêcheurs, qui s'est formé à partir d'une accumulation de coquilles d'huîtres amassées là ! D'une superficie de 570 ha, il est le troisième plus grand étang de Corse. On y élève des huîtres, bien sûr, mais aussi des moules et des palourdes, à acheter ou à déguster sur place dans le très agréable resto sur pilotis.

Sports / loisirs / activités

CLUB NAUTIQUE D'ALERIA

Route de la Mer © 06 38 02 45 30
www.cnaleria.blogspot.fr
Sous le pont
Fermé de décembre à janvier. Ouvert tous les jours et les jours fériés de 9h à 18h. Reservation conseillée. Affilié FFCK et FFA. Chef de centre : Denis Gode BEES CK. CB non acceptée. Chèque Vacances.
Au cœur de la basse vallée du Tavignano, le club nautique d'Aléria vous accueille toute l'année pour vous proposer diverses activités nautiques, encadrées ou non : canoë-kayak, aviron et stand up paddle, à apprécier de trois manières différentes : en mer, en rivière avec la descente de la vallée du Tavignano, ou en eaux calmes. Toutes les activités sont enseignées par des brevetés d'État, afin de vous assurer un apprentissage ludique et sécurisé. Il est possible de louer le matériel à l'heure, à la demi-journée ou à la journée.

LA RANDO DE MARION

© 06 69 54 88 84
www.larandodemarion.fr/
Randonnée, écotourisme, découverte éducative : 15 € (demi-journée), 20 € (journée).
Partez sur le sentier du littoral pour l'une des 6 randonnées guidées et éducatives avec Marion qui possède une riche connaissance des milieux méditerranéens, de leurs spécificités et de leurs enjeux. Marion travaille pour l'association Terra Vi(v)u dédiée au respect du littoral, à sa connaissance et à ses enjeux. Sa rando au départ d'Aléria s'inscrit dans la démarche Ecotourisme Corse Orientale. Au programme : un parcours entre maquis, tour génoise, étang tectonique et mer tyrrhénienne, les vestiges du marais, la découverte du site de l'épave et autres.

GHISONACCIA ★

Voisine d'Aleria, Ghisonaccia est située à égale distance de Bastia et de Bonifacio (85 km). Autrefois carrefour de transhumance pour les bergers de Ghisoni, Ghisonaccia est devenue, au cours des années soixante, avec l'essor de l'agriculture, une petite ville prospère. Entre mer et montagne, elle a également vu le développement balnéaire du littoral. Ne pas manquer la plage de Pinia et sa forêt (parcours de santé). La commune est bordée par les rives de l'étang d'Urbino et 3,5 km de plage ourlée de pinèdes.

A voir – A faire

ÉTANG D'URBINO ★★

Urbino

Ouvert toute l'année. Tous les jours. Gratuit.

Second plus grand étang de Corse avec 790 hectares, c'est un milieu fragile donc protégé, mais il est possible d'en faire le tour en traversant la forêt de Pinia, composée de pins maritimes et de genévriers, puis les marais, les collines et la plage. Ce site protégé abrite plus d'une centaine d'espèces d'oiseaux : goélands, vanneaux huppés, hérons, cormorans, martins-pêcheurs, mouettes... Privilégiez vos sorties le matin ou en fin de journée, lorsque la lumière est la plus belle et les oiseaux moins farouches. Soyez silencieux et respectez bien leur tranquillité.

Se restaurer

LES 2 MÂTS

D144 – Plage de Vignale
✆ 04 95 35 65 09
www.whatiseat.com
dominique.orsucci@wanadoo.fr
À gauche de la plage.

Ouvert toute l'année. Sauf janvier février mars. Hors saison fermé le dimanche soir.. Réservation recommandée. Carte : 25 € environ (plats de 19 € à 32 € / Pizzas de 11 € à 15,5 €). Menu enfant : 9,50 €. Vin au verre. Chaises bébé. Jardin. Terrasse. Vente à emporter. Animations. Soirées musicales tous les jours en saison.

Ce fort beau restaurant de plage sur deux étages, avec deux larges terrasses qui embrassent l'horizon, est parfait pour profiter de l'air marin et du sable fin. L'équipe dynamique et avenante vous propose une belle carte et des suggestions à l'ardoise selon les arrivages. Ici, le poisson et les *pizze* sont à l'honneur, mais tous les budgets et toutes les faims trouveront leur bonheur. Le chef vous régale d'assiettes généreuses, fraîches et joliment décorées. Hors saison, les week-ends sont très souvent animés de musique live !

Sports / loisirs / activités

FUN ORIZONTE

Plage de Vignale – Route de la Mer (face au Village Vacance PERLA DI MARE)
✆ 06 13 04 30 95
www.fun-orizonte.com
fun-orizonte@orange.fr

Fermé du 15 octobre au 15 avril. Haute saison : ouvert tous les jours et les jours fériés de 9h à 19h. Jet-ski dès l'âge de 16 ans. Rando quad 70 €1h, rando JET-SKI de 40 min : 90 € à 2h : 250 € / Activités familiales (quads, catamaran, paddle, dériveur, pédalo de 30 min à 4 heures.

DENIS GODE, DE L'EAU VIVE À LA MER

Ce Breton d'origine, kayakiste de haut niveau, a fondé au milieu des années 2000, la base nautique d'Aléria, au pied du pont qui enjambe le Tavignano. « J'étais tombé amoureux du désert des Agriates. J'y passais mes vacances avant de me reconvertir et de rester en Corse à l'année. Mes deux fils sont nés à Bastia. J'ai commencé à travailler chez Minou, au camping Ernella, le long du Tavignano, en amont d'Aléria, temple de tous les kayakistes qui s'y régalent en mars-avril, période la plus propice. Le Tavignano à son embouchure qui accueille notre base nautique est un site très intéressant tant au niveau technique qu'au niveau faunistique et paysager. Ce fleuve est navigable du Fango à l'embouchure. » Engagé dans la protection de l'environnement, Denis Gode organise des collectes de déchets chaque année sur les berges du fleuve et des étangs.
Ouverte toute l'année, sa base nautique abrite une école nationale de pagaïe. « La Corse est un terrain de jeu aquatique exceptionnel en eau vive, en eau calme, dans la mer et plus généralement en plein air dans la nature où courir, nager, pédaler, pagayer… » D'ailleurs, la base nautique et ses bénévoles participent activement aux deux événements sportifs phare de la Côte orientale : en mai, le Cross Triathlon Mare Stagnu (natation/vélo/course à pied) ; en novembre, le Duathlon Riva Bella (natation/course à pied). Impulsé par la passion de cet éducateur et animateur hors pair, Aléria se distingue aujourd'hui par son dynamisme sportif.

Denis Gode directeur du club nautique et seule école de canoë-kayak de Corse.

Sur la plage de Vignale, Philippe Martinez propose aux vacanciers en mal d'occupation ses activités nautiques et terrestres : jet-ski pour des randonnées ou de la location encadrée par un moniteur, ski nautique, ski-bus, bateau à pédales, catamaran, découverte de l'étang d'Urbino (ostréiculture) et des marais de Piana et même des randonnées en quad accompagnées d'un guide-moniteur pour une balade de deux heures par des chemins et sentiers agricoles ouverts en exclusivité pour Fun Orizonte... Cet établissement professionnel est agréé par la DRAJES.

LINGUIZZETA

Dominant la vallée de la Bravone, Linguizzetta est un village de charme adossé au mont Sant'Appianu, au cœur de la Plaine orientale. Dans la montagne, à 380 mètres d'altitude, le village offre une belle vue sur la plaine. On peut y visiter l'église paroissiale baroque Saints-Pierre et Paul (XVIe siècle) au beau clocher. À voir aussi, les rares vestiges de l'ancienne église romane Saint-Paul, ainsi que l'église Santa-Maria-Nativitä, au hameau de Monte. La marine de Bravone, façade littorale de Linguizzetta, est gardée par une tour génoise en ruine. Plus loin, on arrive aux ruines des églises antiques au lieu-dit Santa-Maria de Bravone. Les 12 km de plage de sable fin bordée d'eucalyptus de Linguizzetta sont très appréciées en été et alignent les villages de vacances.

Se restaurer

CHEZ COSTA
Plage d'Alistro
San-Giuliano
✆ 04 95 38 07 75
www.chezcosta.fr
costamarina20230@gmail.com
Ouvert tous les jours de 9h à 23h30. Autour de 12 € pour les pizzas, 20 € pour les plats. Wifi gratuit.

Une pépite de bord de mer où vous profitez de plusieurs ambiances estivales fort agréables. Vous savourez une consommation sur un transat, buvez un café les pieds dans le sable, partagez des tapas ou une pizza au comptoir ou en terrasse, façon paillote sous les canisses, dégustez en salle l'un des plats bistronomiques de cette maison familiale qui existe depuis plus de 50 ans. Somme toute, Chez Costa est une invitation au bien-être de tapas en cocktails entre deux baignades, de soirée avec musique live en repas raffiné, ne ratez pas une occasion d'y faire escale !

Sports / loisirs / activités

DOMAINE DE RIVA BELLA
Bravone
Route de Riva-Bella
✆ 04 95 38 81 10
www.rivabella-spa.com
rivabella.corsica@gmail.com
A 65 km de Bastia et
75 km de Porto-Vecchio.
Ouvert toute l'année. Emplacement + véhicule + 2 personnes de 28,30 € à 48,30 €. Lodge, bungalow et mini villa de 1 à 6 pers : de 52,60 € à 337 €. Restauration (demi-pension 45 €, pension complète 75 €, petit déjeuner 12 €). Boutique.

PIERRE-ETIENNE PINCHART, PRODUCTEUR DE SPIRULINE

Il a vécu 10 ans en Afrique centrale, 10 ans en Mauritanie et depuis 2012, il cultive la spiruline en Haute-Corse, sur les hauteurs de Linguizzetta à quelques encablures de la plage de Bravone. D'origine belge, Pierre-Etienne Pinchart, ingénieur agronome, impliqué dans le développement en microéconomie, a trouvé dans la Plaine orientale les conditions idéales pour cette production et a mis au point un procédé de culture et de transformation dans le respect rigoureux de l'environnement et des consommateurs. Au milieu du maquis, accessible par une piste, son exploitation à l'enseigne de la Spirale Verte aligne de longs bassins sous leur serre où prospère cette algue minuscule de couleur vert foncé et d'odeur herbacée. Sur place, son laboratoire de transformation permet la fabrication de comprimés et de paillettes de spiruline, précieux super-aliment riche en fer et en bienfaits. Pierre-Etienne Pinchart anime des visites pédagogiques de sa ferme où il détaille les bienfaits et les secrets de fabrication de la spiruline. Et ce n'est pas tout ! Pierre-Etienne Pinchart produit aussi de l'huile essentielle d'immortelle (helichrysum italicum) obtenue par hydrodistillation des fleurs cueillies à la main. La distillation est 100% issue d'énergie renouvelable avec une chaudière à bois. Également en rayon, des eaux florales d'immortelle, de carotte sauvage ou de myrte. Une adresse 100% bienfaits naturels !
www.laspiraleverte.com

© NOAK

Pierre-Etienne Pinchart, producteur de spiruline.

Au domaine de Riva Bella la mer a des vertus thérapeutiques et sur 500 m² la seule Thalasso de Haute-Corse vous propose des soins d'hydrothérapie marine, un hammam traditionnel oriental, un bio sauna, des enveloppements d'algues, des massages du monde, un salon de coiffure depuis 2022 et des soins esthétiques. Au programme également : parcours marin tonic, aquagym, stretching, VTT, randonnées découverte de la faune et de la flore du domaine. Hébergement et restauration sur place.

PLAGES DE LINGUIZZETTA

La plage naturiste de la côte orientale, au niveau du domaine Riva Bella, est réputée pour sa beauté sauvage. En poursuivant vers le nord, vous rejoignez la plage d'Alistro, autre plage longue et sauvage, l'un des fleurons de la Costa Verde. La plage naturiste est accessible depuis le domaine de Riva Bella et ses sentiers. Celle d'Alistro, dominée par le phare du même nom, est accessible depuis plusieurs pistes dont celle qui part face au centre Leclerc.

MORIANI

Moriani est la station balnéaire de San-Nicolao qui offre l'une des plus grandes plages de sable fin de Corse. En prenant la route de la montagne, 7 km plus haut (route sinueuse !), on arrive au village, bâti en terrasses et composé de plusieurs hameaux. C'est un bon point de départ pour se lancer sur l'un des nombreux sentiers de randonnée de la Costa Verde. L'église baroque construite au début du XVIIIe siècle mérite une visite. Elle servait autrefois de poste de guet. Sur la route de la Corniche, entre les villages de San-Nicolao et Santa-Maria-Poggio, se trouve la belle cascade de l'Ucelluline, très appréciée en été.

- On découvre aussi avec bonheur Santa-Lucia-de-Moriani et ses hameaux, commune occupant un amphithéâtre naturel descendant vers la mer, entre la rivière du Petrignani au sud et le ruisseau de l'Avidanella au nord. Elle offre une multitude de paysages, du piémont jusqu'à sa façade maritime de près de 2 km. Les hameaux pittoresques de Venzolasca, Coccola, Bonaldo et Piazze aux maisons traditionnelles, façades en pierres et toits en lauzes, sont superbes. À découvrir : l'église paroissiale de Santa-Lucia, la chapelle de la Vierge et le Petrignani avec ses moulins à eau.
- Sur le littoral, s'alignent les campings, les villages-vacances, les restaurants, les paillotes et les boutiques de plage.

PRUNELLI DI FIUMORBO ★

Sur son promontoire, le village révèle une vue panoramique sur le Fium'orbu, la plaine d'Aleria, ses étangs et la mer. On découvre l'église fortifiée Santa Maria et l'on s'étonne de cette colonne de pierre brute de 4 m de haut, dressée en toiture, parallèlement au clocher. La commune compte une douzaine de hameaux, dont certains désertés, et abrite le couvent Saint-François de Prunelli édifié entre 1699 et 1703, les vestiges d'une église romane et… un hippodrome. On peut se baigner dans la rivière à l'onda nera (Abatesco) ou à Pignula (Varagno) et en mer à la plage de Calzarellu.

VERSION NUMÉRIQUE
OFFERTE
Obtenez votre guide numérique en scannant le QR code
ou rendez-vous sur le site
www.ebookfute.com
avec le code avantage
ZEWBZW
petit futé
CARNET DE VOYAGE
CORSE
AQUATIQUE
CORSICA
LE GUIDE QUI VA À L'ESSENTIEL
OFFERT
OFFRE VALABLE JUSQU'À L'ARRÊT DE COMMERCIALISATION DU TITRE EN FRANCE MÉTROPOLITAINE ET DANS LE MONDE ET SOUS RÉSERVE QUE LE NOMBRE DE TÉLÉCHARGEMENTS SOIT INFÉRIEUR OU ÉGAL AU NOMBRE D'EXEMPLAIRES DE GUIDES PAPIER IMPRIMÉS. FORMATS DISPONIBLES POUR SMARTPHONES, TABLETTES, LISEUSES ET ORDINATEURS PC OU MAC.
© PERFECTLAB - SHUTTERSTOCK.COM

PAYS D'AJACCIO

Le Pays d'Ajaccio se compose d'une façade littorale qui alterne les plages et les criques parmi les plus réputées de l'île, et est fort d'un arrière-pays montagneux riche en espaces naturels préservés. Profitez des plages paradisiaques et de la verdure. Activités nautiques, activités de pleine nature, activités avec des enfants ou petite session bien-être, le choix est vaste. Allez pianoter sur le site Internet de l'Office de Tourisme du Pays d'Ajaccio pour consulter une sélection de points d'intérêt, restaurants, hébergements, etc. Quoiqu'il en soit, avec 300 jours de soleil par an, Ajaccio offre un climat idéal pour les amateurs de baignade et de balade. Labellisée Ville d'art et d'histoire, ancienne cité génoise au centre historique coloré, Ajaccio qui vit naître Napoléon garde son épisode de ville impériale des monuments imposants et une ancienne station climatique aux édifices prestigieux.

AJACCIO ★★★

En bordure de la mer Méditerranée, côte ouest, cette petite ville de 56 000 habitants est la capitale de la Corse, celle qui a détrôné Corte, ville natale de Napoléon Ier et de Tino Rossi. Son golfe donne accès aux fameuses îles Sanguinaires et la ville abrite l'un des plus beaux musées de France, des monuments napoléoniens, des édifices religieux et un port animé. Son activité est essentiellement touristique et administrative. Si la jeunesse d'Ajaccio doit quitter la ville pour faire ses études à Corte ou sur le continent, on la retrouve lors des vacances d'été à la terrasse des nombreux bars de la ville. Ses principaux atouts restent son cadre magnifique et son climat exceptionnel avec ses 300 jours de soleil par an. De nombreux touristes débarquent à Ajaccio, en ferry ou en avion, et visitent la ville avant de partir en périple à travers l'île.

■ ALOHA CROISIÈRES

Port Charles-Ornano ✆ 06 64 53 74 80
www.aloha-croisieres.fr

Ouvert de mai à octobre. Ouvert tous les jours et les jours fériés de 10h à 18h. Adulte : 83 € (113 € avec le repas paillote). Enfant (de 1 à 10 ans) : 51 € (62,50 € avec le repas paillote). Privatisation du bateau 750 €. CB non acceptée. Accueil enfants. Visite guidée (français, anglais et indonésien). Restauration (boissons comprises).

Une formule originale pour découvrir les plaisirs de la voile dans le golfe d'Ajaccio. A bord de son catamaran nommé *Karma*, un Fontaine-Pajot Louisiane de 11 mètres, Jean-Pierre vous conduira en toute sécurité pour une journée à la rencontre des paysages du golfe d'Ajaccio, au départ du port Charles-Ornano ou du ponton de Porticcio. Au programme : initiation au maniement du bateau, découverte des rives du golfe, arrêt repas et baignade et farniente au mouillage, avec masques et tubas à disposition, et même l'option déjeuner dans une paillote si on le souhaite.

CORINNE ROBERT, ÉDUCATRICE DU VENT ET DE LA VOILE

On la voit avec ses élèves à l'arrivée de la régate des Voiles d'Ajaccio pour les jeunes. Elle est fière de son équipe, d'autant que ce jour-là, elle croise Julien, son champion de fils, en Pôle France à Marseille, visant les JO de 2028. Corinne Robert est arrivée en Corse en 1982 pour travailler comme monitrice de planche à voile. Puis dès 1988, elle est devenue également monitrice de voile : « Je suis restée en Corse à cause de l'ambiance nautique et des Corses ! » Aujourd'hui, elle dirige le centre nautique Mare E Vela (Mer et Voile) de Coti Chiavari, sur la plage de Portigliolo, fort de 400 adhérents dont Edith, la doyenne du club, 98 ans, et 345 licenciés. Au sein de cette base nautique, Corinne Robert initie les enfants à la planche à voile dès l'âge de 4 ans. Son débutant le plus âgé avait… 93 ans.

« Nous enseignons la glisse et comment jouer avec le vent. Notre club a formé Julien Bunel, champion du monde en open skiff, mais aussi Charles Ganivet, champion de France, d'Europe et du monde, et Charlotte Rizo, 3e au Championnat du monde, entre autres voileux de haut niveau ». Corinne Robert est en charge de l'entraînement des athlètes au sein du Centre du Sport et de la Jeunesse Corse. « J'ai aussi le plaisir d'animer une section handi-valide. Par exemple, nous expérimentons la navigation avec les yeux bandés pour percevoir la mer comme les non-voyants, sentir le vent dans les mains, dans les oreilles, sur le visage. » Mais ce qui lui plaît le plus, c'est l'ambiance familiale de son centre nautique, modeste mais efficace, et surtout soucieux de démocratiser la voile.

© NOAK

Corinne Robert, base nautique Mare e Vela, monitrice.

■ **NAVE VA** ★

Port Tino-Rossi

✆ 04 95 51 31 31

www.naveva.com

naveva@naveva.com

Ouvert toute l'année. Ouvert d'avril à octobre de 8h à 19h et le reste de l'année sur réservation. Différents circuits proposés, se renseigner sur les horaires à l'accueil. Tarifs à partir de 15 €. Chèque Vacances. Visites commentées. Bar à bord en supplément. Animations. WC.

Partez sur ces confortables bateaux à la découverte des plus beaux rivages des côtes occidentales de la Corse. Plusieurs circuits sont proposés : les îles Sanguinaires aux 150 espèces florales, la réserve naturelle de Scandola, Girolata, accessible en bateau ou à pied, Capo Rosso, le golfe de Porto et son imposante tour génoise, les calanques de Piana, dont la beauté est époustouflante, l'observation des cétacés ! Les navires peuvent également être privatisés pour vos soirées, ou pour voguer au son de la musique et des senteurs marines.

▸ **Autre adresse :** Porticcio ✆ 04 95 25 94 14. Sagone/Cargèse ✆ 04 95 28 02 66. Porto ✆ 04 95 26 15 16.

© LAURA - STOCK.ADOBE.COM

Les îles sanguinaires

A voir - A faire

■ **LES ÎLES SANGUINAIRES** ★★★

Accessible toute l'année.

Incontournables lorsque l'on séjourne à Ajaccio ! Ìsuli Sanguinarii, l'inénarrable site des Iles Sanguinaires, aux roches de porphyre rouge se détachant sur un lit de diorite sombre et de granite gris, est un joyau de nature préservé où s'épanouit une flore d'une grande diversité. On y observe des plantes rares, voire introuvables au sein même de l'île de Beauté, comme l'impressionnant arum mange-mouche. Des colonies d'oiseaux marins y nichent tout aussi paisiblement. Parmi eux, le goéland Leucophée, la mouette rieuse, le goéland d'Audouin et le puffin cendré.Il faut voir le soleil darder ses rayons pourpres et coucher la robe sanguine de leurs reflets sur ces quatre îlots rouges et noirs, qui s'étendent au large de la pointe de la Parrata et de sa tour génoise. Leurs noms respectifs sonnent comme ceux de mythiques héros : Mezu Mare, Isolotto, Cala d'Alga et Porri forment le rutilant quatuor des Sanguinaires ! Appelées frankénies, des plantes à fleurs roses, jonchant leur sol et se parant d'un vif incarnat selon la saison, ont certainement quelque chose à voir avec leur sanglant patronyme. On les découvre en bateau au départ du port Tino Rossi, en prévoyant deux heures ou une demi-journée en pleine saison, avec arrêt baignade, prises de vue à terre et retour au crépuscule par la rive nord, où vous croiserez la Terre Sacrée, résidence de Tino Rossi, le cimetière marin, la chapelle des Grecs et la citadelle. Classé site Natura 2000, ce lieu unique a obtenu il y a six ans le prestigieux label « Grand site de France ».

Se restaurer

LA PAILLOTE DE CALA DI SOLE

D111 – Route des Sanguinaires
✆ 04 95 52 01 36
www.caladisole.fr
hotelcaladisole@gmail.com
Ouvert de juin à mi-septembre, tous les jours sauf le mardi soir. le midi et le soir. Réservation recommandée. Chaises bébé. Jardin. Terrasse. Vente à emporter. Animations. Plage aménagée.
C'est la paillote de l'hôtel ouverte à tous. Un restaurant de plage que l'on souhaiterait presque garder secret... On y vient dès les beaux jours profiter d'une douce ambiance, d'une cuisine de belle tenue à des tarifs plus qu'honorables. Poissons ou langoustes, servis sous la grande terrasse ou même sur la plage, à la lueur de bougies. Accueil adorable, attentionné et service impeccable pour repartir heureux. Transats et parasols pour digérer à l'ombre.

Sports / loisirs / activités

ODYSSÉE PLONGÉE

Port Tino Rossi
les Fosses de la Citadelle
✆ 06 62 07 53 51
www.odyssee-plongee.fr
odyssee.plongee@gmail.com
Ouvert toute l'année. Détail des stages et sorties disponible sur le site Internet. Label Handisport.
Odysée Plongée existe depuis 2001, fondé par un groupe d'amis passionnés de plongée en Méditerranée. Ce club très dynamique vous propose des initiations et des formations, des plongées libres ou encadrées pour découvrir les richesses naturelles et le patrimoine des fonds marins du golfe d'Ajaccio. Affilié à la Fédération française Handisport, ce club offre aux personnes souffrant de certaines déficiences physiques ou mentales la possibilité de visiter les fonds sous-marins grâce à un bateau équipé d'une plage arrière spécialement aménagée.

▶ **Autre adresse :** Port Charles Ornano L'Amirauté Ajaccio

ENTRE CIEL ET MER

Afa
Favale
✆ 04 95 20 66 95
www.corse-rando-canyon.fr
entrecieletmer2a@gmail.com
Ouvert toute l'année. Sur réservation. Canyon à partir de 43 € à partir de 6 personnes, randonnée à partir de 15 € (tarif de groupe).. CB non acceptée. Chèque Vacances.
Depuis plus de deux décennies, Patrice Clément, accompagnateur en moyenne montagne et expert qualifié en canyon, organise des expéditions à travers toute la Corse, permettant de découvrir les sites sauvages les plus magnifiques de l'île. Entre ciel et mer, ces escapades offrent une variété d'options personnalisées en canyon à partir de deux personnes, sur réservation impérative, avec l'équipement fourni. De mai à octobre, vous pouvez expérimenter des canyons tels que la Riichiusa, Zoiccu, Pucaraccia, parmi les plus renommés. Expériences mémorables garanties !

SOCIÉTÉ NAUTIQUE D'AJACCIO
Port Tino Rossi – Citadelle
✆ 04 95 21 40 43
www.snajaccio.fr
snajaccio.voile@gmail.com
Ouvert toute l'année. Haute saison : du lundi au samedi et les jours fériés. Location, cours et stages de voile légère, planche à voile. Programmes famille sur voiliers collectif. Chèque Vacances.
Reconnue comme une École Française de Voile, cet établissement promeut la voile à Ajaccio à travers des stages et diverses formules sous l'appellation «Voile Loisirs». Il propose des solutions adaptées aux besoins variés des participants. Le golfe d'Ajaccio offre un superbe plan d'eau pour la navigation, avec un vent constant du sud-sud-ouest. Les formations dispensées conduisent à l'obtention de certifications, conformément au référentiel de la Fédération française de voile.

BASTELICA ★★

À 850 mètres d'altitude, Bastelica est le plus haut des villages du Celavu Prunelli, au pied du Monte Renosu à quelques kilomètres du Val d'Ese et de sa station de ski. Le village est surtout connu pour avoir vu naître en 1498, le célèbre condottiere Sampieru Corsu, instigateur de la rébellion contre Gênes en 1553, et dont le mariage tragique aurait servi d'inspiration à William Shakespeare pour le personnage d'Othello. Le village est réputé pour sa charcuterie. À proximité : le Val d'Ese et ses pozzines, zone humide remarquable, la cascade d'Ortela et celle de Carnevale.

A voir – A faire

LE PLATEAU D'ESE ET LES POZZINES (I POZZI) ★★★
✆ 04 95 28 70 61
www.celavuprunelli-tourisme.com
info@celavuprunelli-tourisme.com
Accessible toute l'année. Station ouverte de février à mars / fermée depuis 2019 pour absence de neige.
À une distance d'une heure en voiture d'Ajaccio, le plateau d'Ese offre un émerveillement constant à chaque saison, offrant une véritable évasion. Pour atteindre la station, vous suivrez un chemin étroit perché sur des falaises impressionnantes. Ouverte dès les premières chutes de neige, cette destination promet une ambiance familiale avec ses petites pistes de ski. Dans la bergerie des Pozzines, vous pourrez savourer le fromage produit et vendu chaque été par Jean-François Batistelli.

Sports / loisirs / activités

LES POZZINE DE POZZOLO
Scalella
Le point de départ de cette randonnée se trouve au col de Scalella, à une altitude de 1 193 mètres. Depuis le col, suivez l'est pendant environ 1 heure et 30 minutes, puis empruntez le sentier qui monte vers les pozzine (tourbières). Prévoyez environ 2 heures et 30 minutes pour atteindre cet endroit. Pour les plus aventureux, il est possible de prolonger la randonnée vers le lac de Bracca, la source du fleuve U Prunelli, culminant à 1 777 mètres d'altitude. Cependant, cette variante est plus difficile et nécessite une bonne orientation.

BOCOGNANO ★★

À mi-chemin entre Ajaccio et Corte, Bocognano est situé au pied du Monte d'Oro. Le village est connu pour ses châtaigneraies, la cascade du voile de la mariée et le site de canyoning de la Richjusa. Son patrimoine naturel, la pureté de ses sources, la qualité de son accueil en font une station climatique et estivale appréciée. On peut descendre se baigner au niveau du vieux moulin, passer le fleuve et prendre à droite vers le canyon de la Richjusa. Depuis 1982, le Foyer Rural U Castagnu de Bocognano programme le deuxième week-end de décembre sa célèbre Foire de la Châtaigne qui attire plus de 20 000 visiteurs et plus de 150 producteurs et artisans locaux. Il s'agit de la plus célèbre des foires en Corse.

A voir - A faire

LE CANYON DE LA RICHIUSA ★★

Valle Papacci
✆ 04 20 19 09 09
www.canyon-corse.com
infos@canyon-corse.com

Approche : 1h. Descente : 2h30. Retour : 15 minutes. Hauteur maximale de rappel : 10 minutes. Dénivelé : 260 m.

Sous le parking du moulin de Busso, une passerelle traverse la Gravona. De l'autre côté, un sentier serpente à travers le maquis et rejoint le cours de la Cardiccia. Une fois que vous avez quitté les balises de peinture, remontez le cours de cet affluent. Vous arriverez à un portail naturel d'où le torrent s'échappe en formant une charmante cascade. Vous verrez une succession de 5 vasques que l'on peut franchir comme des toboggans. À partir de là, la gorge se resserre, conférant au lieu une atmosphère presque « spéléo » ! À faire absolument !

LE CANYON DE LECCIA ROSSA ★★

Pour les amateurs de sports et ceux en quête d'aventures plus originales, la vallée adjacente de Richjusa est peu fréquentée. Elle réserve la découverte de charmantes vasques agrémentées de plusieurs toboggans et d'endroits propices à des descentes en corde. De plus, elle propose une descente d'initiation plaisante avec de beaux toboggans.

L'approche nécessite environ 1 heure 20, la descente environ 2 heures 30, et le retour environ 20 minutes, avec un dénivelé de 180 mètres.

LA CASCADE DU VOILE DE LA MARIÉE ★★

D27

Accessible à l'année. Baignade interdite car risque d'éboulements.

Cette cascade, créée par un bras de la Gravona, est entourée d'une superbe légende. Il ne s'agit pas d'un mince filet d'eau, mais plutôt d'un spectacle naturel époustouflant : le torrent a creusé son chemin à travers les arbres, rebondissant sur les rochers pour former une colonne vivante et scintillante. Selon l'imagination du moment, on peut assimiler cette cascade à une chevelure d'ange. Il est particulièrement recommandé de la visiter au printemps, lors de la fonte des neiges.

La Cascade du Voile de la Mariée.

Sports / loisirs / activités

CORS'AVENTURE
U Busso – Valle Papacci
✆ 04 95 25 91 19
www.corse-aventure.com
info@corse-aventure.com
Ouvert toute l'année. Stage semaine multi activités. Chèque Vacances.
Orientée vers les activités de rivière et de mer, l'équipe organise du canyoning, des sorties en kayak de mer, de la randonnée pédestre, de l'escalade, des sorties VTT ainsi que des sports d'eaux vives au printemps. La fourniture du matériel est comprise. Les activités sont encadrées par des professionnels diplômés d'État et le séjour est entièrement construit sous la forme de journées ou de semaines multi-activités en pension complète en itinérance sur toute la Corse. Location de kayak de mer à la base nautique à Marina Viva Porticcio et base canyon à Bocognano.

Autres adresses : Base Canyon Bocognano • Base nautique Plage de Marina Viva Porticcio

PORTICCIO ★

Le village est niché dans la montagne en surplomb de la mer. La partie littorale de la commune compose la station balnéaire de Porticcio, l'une des plus populaires de la côte occidentale. On aime sa côte sauvage et finement découpée face au golfe d'Ajaccio. En été, c'est l'affluence et les vacanciers profitent d'une offre touristique importante avec animation et infrastructures modernes. Nombreuses activités nautiques : plongée, scooter des mers, voile, etc. Un service d'autocars est assuré l'été au départ d'Ajaccio et dessert la rive sud du golfe. Par la mer, des liaisons maritimes régulières sont assurées avec Ajaccio. Une traversée en 10 min évite les longs embouteillages estivaux ! La belle tour génoise du Capitello marque le début de la grande plage de Marina Viva.

Se restaurer

LA PLAGE BLANCHE

Plage de la viva
✆ 04 95 25 08 77
www.laplageblanche.fr
lpb2016@outlook.fr
Ouvert toute l'année. Haute saison : tous les jours et les jours fériés le midi et le soir. Hors saison fermé mardi journée et le dimanche soir. Réservation recommandée. Location de transats, lits 4 places et parasols. Chèque Restaurant. Chaises bébé. Terrasse.
Un restaurant festif sur la plage ! La Plage blanche, création de Silvestre Ceccaldi, est reconnue à Porticcio pour ses belles soirées et nuits inoubliables. Un cadre au top, une déco soignée et une formule originale pour la région. Un coin lounge pour l'apéro, plusieurs terrasses confortables, une grande salle recouvrable et les transats et parasols posés sur le sable pour y passer la journée avec le service plagiste en prime. Viandes d'exception à partager et cuisine fusion en spécialités, et tous les soirs de la lumière et du son !

Sports / loisirs / activités

THALASSA SEA & SPA

Groupe Accor Thalassa
Golfe d'Ajaccio
✆ 04 95 29 40 50
spa.ajaccio@sofitel.com
Un modelage face à la mer ? Nichée sur la pointe de la presqu'île, la thalasso de Porticcio offre une parenthèse enchantée avec soins marins, massages du monde et transats. Nombreux forfaits et découvertes bien-être dans un site naturel magnifique avec les îles Sanguinaires en toile de fond. Vous pouvez profiter d'une piscine d'eau de mer à l'extérieur chauffée et entretenue grâce à l'énergie solaire. De nombreuses activités sont, par ailleurs, proposées par le Sofitel attenant à l'établissement (jet ski, canoë, plongée sous-marine, excursions en bateau).

MAEVA PLONGÉE

Les Marines de la plage de la Viva
Boulevard Marie-Jeanne Bozzi –
D55
✆ 04 95 25 02 40
www.maeva-plongee.com
maeva.plongee@gmail.com
A côté de l'office de tourisme.
Fermé du 15 décembre à février. Agréé jeunesse et sport, labellisé FFESSM, CMAS, FSGT, PADI, SSI,, ANMP. Revendeur/formateur recycleur Submatix. Centre partenaire MARES. Centre plongée Nitrox. Haute saison : ouvert tous les jours et les jours fériés de 8h à 20h. Chèque Vacances. 2 bateaux de 28 plongeurs, 6 moniteurs d'avril à mi-novembre. 20 sites d'exploration dont la tête de maure et la Campanina, niveau 1 et 2, profondeur de 0 à 40 mètres.
Dirigée par Pascal Peri (BEES 2e degré), c'est l'une des plus grandes structures d'accueil de la Corse du Sud. Elle bénéficie d'un emplacement idéal sur la plage, avec des locaux fonctionnels et confortables. On profite d'un matériel neuf, de qualité, et de bateaux rapides et confortables pour sillonner les plus beaux spots du golfe. Le centre vous propose avant tout de découvrir la plongée sous-marine en effectuant une initiation à la plongée. Les prestations y sont professionnelles et attentionnées, le tout encadré par de nombreux moniteurs passionnés.

TOLLA ★★

Le village est à flanc de colline avec ses maisons anciennes accrochées en surplomb du lac. Les Ajacciens apprécient de venir passer la journée au bord du lac de Tolla. On découvre d'abord le vieux lavoir récemment restauré, lieu de rendez-vous notamment le jour de la Pentecôte. Il est bien agréable de profiter de l'aire de pique-nique pour une pause Merendella à l'ombre des hêtres et des châtaigniers géants. C'est au milieu des montagnes, que le lac artificiel formé par un barrage construit en 1957 sur le Prunelli, permet la pratique de plusieurs sports nautiques. Dans le village, de belles vues s'offrent sur les montagnes environnantes. Le plus beau panorama sur le village et sur son lac vous attend à environ 3 km à partir de Tolla vers Bastelica. On bénéficie également d'une belle vue en ramant jusqu'au milieu du lac avec l'écrin des montagnes et le village en surplomb. On apprécie la petite guinguette Tolla Plage pour se rafraîchir ou manger une salade, en regardant les enfants barboter, canoter ou pêcher dans le lac. Belle Via ferrata sportive au col de Mercuju. Deux guinguettes pour se restaurer au bord du lac. L'une d'elles propose un rayon plage avec bouées et paréos.

A voir – A faire

LE LAC DE TOLLA

Ce lac artificiel dans la montagne est suffisamment proche d'Ajaccio pour venir y passer la journée, voire la demi-journée. En été, un centre nautique permet de pratiquer différentes activités et de louer des bateaux à pédales et autres embarcations pour de petites randonnées au fil de l'eau. Le lac de Tolla est bien connu des pêcheurs qui viennent y traquer depuis les rives ou en barque les carpes et autres poissons d'eau douce. Sa petite plage permet la baignade et on peut suivre un sentier sous les peupliers pour se dégourdir les jambes après un barbecue.

Sports / loisirs / activités

LE CENTRE NAUTIQUE DE TOLLA

✆ 04 95 27 00 48
www.centre-nautique-de-tolla.fr
tolla-nautic@orange.fr

Ouvert de mai à fin septembre. Haute saison : ouvert tous les jours et les jours fériés de 10h à 19h. CB non acceptée.

A la belle saison, la petite cabane du centre nautique de Tolla ouvre sa devanture pour proposer à la location des canoës, kayaks, bateaux à pédales, barques électriques de pêche, avirons, stand up paddles, mais aussi des activités pour les groupes avec hébergement en camping pour les groupes de jeunes. Dans ce cadre magnifique et dans un environnement protégé, le centre nautique de Tolla vous donne accès à nombre de sensations et de plaisirs aquatiques.

REPÉREZ LES MEILLEURES VISITES

★ INTÉRESSANT ★★ REMARQUABLE ★★★ IMMANQUABLE ★★★★ INOUBLIABLE

SARTENAIS VALINCO TARAVO

C'est la Corse des origines. Une Corse du sud authentique qui combine bord de mer et arrière-pays de charme avec ses villages préservés et ses cours d'eau vives. Ce territoire regroupe trois vallées : le Sartenais, le Valinco et le Taravo autour de trois fleuves côtiers, le Taravo, le Rizzanese et l'Ortolo. Il offre de nombreuses plages et criques et totalise 18 communes toutes plus belles les unes que les autres. Sartène, Propriano, Campomoro, Olmeto, Argiusta-Moriccio... Vous êtes ici au cœur d'une terre agricole, gourmande, culturelle, riche en patrimoine. Parmi les incontournables, vous avez les plages de sable fin de Roccapina ou Campomoro et leurs magnifiques sites naturels du conservatoire du littoral, les criques plongeant sur la mer et le maquis de Propriano ou encore les activités pleine nature ou nautiques du golfe du Valinco. Sur la route, vous avez de multiples occasions de profiter de la gastronomie et des vins locaux, de la culture et du patrimoine. Vous l'avez compris, ce territoire saura vous séduire !

PROPRIANO ★★★

Au fond du golfe du Valinco, Propriano est une étape incontournable en Corse-du-Sud qui se décline entre plages et montagne. Cette cité maritime abrite une station balnéaire qui a valorisé le site naturel de Capu Lauroso et offre une grande plage sauvage de 4 km et une vue splendide sur la tour de Campomoro. Le port de plaisance avec ses voiliers et ses barques de pêcheurs participe au charme de cette commune. Une promenade sur la jetée bordée de palmiers jusqu'au phare, une escale pour un café ou une glace dans l'un des bars du quai, vous attabler pour un plat de poisson ou pour écouter des chants corses... Vous pouvez aussi embarquer sur un bateau de promenade et prendre le large. Nombreuses activités nautiques possibles.

PROMENADES EN MER – CMPV

Port de plaisance
Quai Saint-Erasme
✆ 06 34 02 76 44
www.promenades-en-mer-propriano.fr
cmpvpropriano@yahoo.fr

Sur réservation. Ouvert de début avril à début novembre. Sortie à la carte sur demande. Gratuit jusqu'à 4 ans. Adulte : 32 €. Enfant (de 5 à 12 ans) : 16 €. Cartes cadeaux. CB non acceptée. Chèque Vacances.

Au départ du port de plaisance de Propriano, réservez une des promenades en mer allant de deux heures à la journée entière, accompagnées d'un équipage professionnel, à la découverte des plus beaux spots de l'île de Beauté.

De Senetosa jusqu'aux Îles Sanguinaires, profitez des criques, des calanques, de plages sauvages souvent inaccessibles par d'autres moyens de transport... Vous pouvez aussi privatiser un bateau pour vos événements personnels : enterrements de vie de célibataire, anniversaires, fêtes, et même pourquoi pas votre mariage !

A voir - A faire

LES PLAGES DE PROPRIANO ★★

Juste derrière le port de Propriano, on trouve deux belles plages de sable peu profondes : la plage de Scogliu Longu dite du Lido à droite et celle de Puraja à gauche. Plus loin, vers l'estuaire du Rizzanese, se trouve la grande et belle plage sauvage de Capu Laurosu, dite « plage aux vaches » et en reprenant la route en direction de Belvédère-Campomoro la grande plage de Portigliolo. En plein centre-ville, la plage de Mancinu puis la crique du Sampiero et du Roc è Mare et au fond du golfe en direction d'Ajaccio, la plage de Baracci.

Se restaurer

TERRA COTTA

Port de plaisance
31, avenue Napoléon-III
✆ 04 95 74 23 80

Ouvert de mi-mai à fin-septembre. Fermé le dimanche en basse saison, le dimanche midi en haute saison. Ouvert du lundi au samedi le midi et le soir. Ouvert du lundi au samedi de 12h à 14h et de 19 : 30 h à 22h. Réservation impérative. Menu unique à 65 €. Carte : 55 € environ. Vin au verre. Chèque Restaurant. Chaises bébé. Terrasse. Salle climatisée.

C'est la table qu'il ne faut pas manquer sur le port de Propriano. Thomas Duval, chef talentueux, se donne de la peine pour offrir aux gastronomes une table pleine de saveurs et d'inventivité. Sa cuisine est bien entendu tournée vers la mer et bénéficie des pêches de Toussaint, le grand frère. Fanny vous propose la formule du midi, le menu découverte ou la carte évoluant au gré de l'inspiration du chef. Belles assiettes élégamment présentées, produits de qualité, service professionnel... Assurément l'une des très bonnes tables de l'île. Un grand bonheur marin.

Sports / loisirs / activités

AQUALOISIRS CENTRE NAUTIQUE

D121
Plage de Portigliolo
✆ 06 01 43 33 67
larneaud@club-internet.fr

Fermé de décembre à février. Haute saison : ouvert tous les jours de 8h à 20h. Location de bateaux avec ou sans permis à la demi-journée ou journée à partir de 72 €. Chèque Vacances. Point plage FFV.

Située sur une plage de sable fin classée Natura 2000, cette structure invite à vivre des moments inoubliables en mer. L'équipe vous accueille tous les jours, de mars à novembre, avec une large palette d'activités nautiques. Que vous soyez amateur de sensations fortes ou que vous souhaitiez expérimenter quelque chose de nouveau : ski nautique, wakeboard, surf, foil, bouées tractées, location de bateau... Bref, moments inoubliables en perspective !

ABDELGHANI EL KHETABI, GARDE DU LITTORAL À CAMPOMORO

L'ancien village de pêcheurs de Belvédère Campomoro s'est transformé en petite station balnéaire occupant un site de nature préservée de grande richesse et de toute beauté. C'est ici qu'Albelchani El Khetabi, dit Abdel, vit et officie en tant que garde du littoral. Dès 1980, le Conservatoire du littoral a commencé par l'acquisition de 70 ha de côte sauvage autour de la tour génoise de Campomoro, avant de très largement s'étendre. La tour a été restaurée entre 1984 et 1986. C'est à cette époque qu'Abdel a commencé à intervenir sur le terrain en tant que gardien de la tour et à animer des visites guidées autour de l'histoire des tours génoises. « J'ai aussi passé du temps à l'entretien des oliviers sauvages et des arbousiers présents sur le site et à rénover l'ancien sentier des douaniers devenu impraticable. Durant 5 ans, je me suis employé à le rendre à nouveau accessible aux piétons. » Moyennant quoi, il est désormais possible de cheminer à la découverte de ce magnifique littoral, entre maquis et mer. Aujourd'hui, Abdel et les 4 autres gardes du littoral partagent leurs connaissances de la faune et de la flore locales et sensibilisent les visiteurs à la fragilité de ce milieu. Abdel est intarissable sur l'environnement marin et les zones humides. Le suivre sur le sentier est un enchantement. Son œil averti distingue une petite tortue cistude prenant le soleil. Nous l'observons de loin, mais pas question de déranger ce spécimen d'une espèce menacée. Avec conviction, expertise et efficacité, Abdel défend cet environnement qu'il chérit tant.

Abdelghani El Khetabi, garde du littoral à Campo Moro.

OLIVIER CHAPON-SEIGNEUR

Villa U Sole Si Ciotta
Chioso-Soprano
✆ 06 12 41 19 74
https://lacorsedesorigines.com/
ochaponghm@free.fr
Rendez-vous au début de la route de Baracci D 257.
Ouvert du 15 mai à la Toussaint. Sorties le jeudi et vendredi et sur réservation. Demi-journée Baracci 45 €. CB non acceptée. Matériel fournis : cuissard, combinaison, casque.
Ce guide de haute montagne vous accompagne, depuis 1987, lors de sorties sportives dans le canyon Baracci. Au programme marche, sauts, toboggans, tyrolienne, baignade pour une demi-journée. Activités praticables dès 7 ans, mais réservées, bien entendu, aux amateurs de milieu aquatique et de fraiches sensations. Expertise et convivialité en prime. Possibilité de privatiser votre demi-journée ; constitution de petits groupes pour davantage de proximité et sortie en horaire décalé pour préserver l'aspect contemplatif et la sérénité.

CENTRE NAUTIQUE VALINCO

Plage de Mancinu
✆ 06 32 84 12 77
www.centre-nautique-propriano.com
c.n.propriano@orange.fr
Ouvert d'avril à octobre. Ouvert tous les jours et les jours fériés de 9h à 19h. CB non acceptée. Chèque Vacances. Labellisé école française de voile.
Au port de plaisance, le centre nautique sur la plage du Mancinu, labellisé EFV, dispose d'une école de voile et de locations d'Optimist, catamaran, planche à voile, stand-up paddle, kayak, stand-up paddle board Eclipse et de kayaks mirage Adventure Island. Cours particuliers et stages collectifs de 1 à 14 jours, voile et planche à voile. A essayer : l'original kayak Hobbie Island qui combine le kayak, le trimaran et le bateau à pédales. Volez au-dessus de l'eau en Windfoil, une nouvelle approche de la planche à voile !

Plage de Propriano.

PORTO POLLO ★

C'est le port de plaisance de la commune de Serra Di Ferro, flanqué de la magnifique plage de Cupabia, espace naturel prestigieux, et de divers étangs et zones humides protégés. Deux tours génoises, celles de Capriona et de Campannedda, surveillent les environs. La pointe de Porto Pollo s'anime tout particulièrement à Pâques lors de la fête du village. Au XVIe siècle, le port de Porto Pollo était fréquenté par les bateaux de commerce. Aujourd'hui, ce sont des bateaux de plaisance qui occupent la plus grande partie de l'anse (une centaine de mouillages), alors que le quai d'origine est occupé par les pêcheurs. Côté balnéaire, de nombreux loisirs sont proposés : plongée, équitation, voile, location de bateaux, etc. Le sentier de Mare e Monte passe par le village qui compte plusieurs campings.

A voir – A faire

L'ÉTANG DE TANCHICCIA ★

D757

Accès depuis Porto-Pollo :
prendre la D757 et juste avant
la D155, parking sur gauche.

L'étang de Tanchiccia est classé en zone Natura 2000 et inscrit aux espaces remarquables du littoral. C'est la plus vaste roselière de Corse-du-Sud. Pour découvrir la biodiversité de ce site d'exception tout en préservant la quiétude des lieux, des aménagements ont été réalisés : des cheminements sur pilotis, des observatoires de l'avifaune, une tour panoramique et une aire de repos. Vous découvrirez également de nombreux panneaux pédagogiques tout au long de votre parcours. Accès Depuis Porto-Pollo : prendre la D757 et juste avant la D155, parking sur gauche.

Sports / loisirs / activités

CENTRE NAUTIQUE PORTO POLLO

Porto Pollo

✆ 06 09 40 37 65

calvez.alain27@gmail.com

Ouvert de mai à début octobre tous les jours de 9h à 19h. CB non acceptée. Chèque Vacances.

Une base de loisirs nautiques agréée École Française de Voile (à partir de 5 ans) qui se complète d'une école de ski nautique et de location de catamarans, planches à voile, kayaks de mer, bateaux à pédales, wakeboard et bateaux sans permis. Des engins tractés pour le fun des vacances et les sensations, le jardin des enfants de 5 à 6 ans et des stages ou cours particuliers pour progresser avec une équipe tonique encadrée par Colin loin des grosses foules même en pleine saison.

PORTO POLLO PLONGÉE

Port de plaisance

✆ 06 85 41 93 94

www.portopollo-plongee.fr

plongeeportopollo@gmail.com

Ouvert du 1er avril à novembre. Haute saison : ouvert tous les jours et les jours fériés de 8h à 19h. Hors saison sur réservation. Entrée : 50 € (baptême à partir de 8 ans). Exploration à partir de 33 €, niveau 1 adulte. Chèque Vacances.

Une école de plongée plurielle et réputée sur l'île dirigée par Jérémy et Sylvain, plongeurs confirmés. On profite d'un accueil jeune et dynamique, et de l'ambiance sympathique et décontractée de cette petite station balnéaire familiale. En 15 minutes maximum vous rejoignez les plus beaux sites de plongée du golfe du Valinco. Vous explorerez les petites ou les grandes vallées, sec de l'Évêque, Roche bleu ou vallée des mérous. Au total, 10 sites sont accessibles selon votre niveau... Porto Pollo vous assure des explorations et des baptêmes en toute sécurité voire des formations.

TIZZANO

Au sud de Sartène, Tizzano est un ancien port de pêche devenu port de plaisance. Le site abrite une plage, la plage de la Cala d'Avena, accolée à la pointe Lattoniccia. Cette plage de sable est un site familial très fréquenté en été avec de nombreux commerces à proximité et un accès direct en voiture. On est loin des plages sauvages de Sartène ! Toutefois la plage de Tizzano demeure très agréable, elle offre vers le sud un environnement verdoyant et présente la particularité d'être accessible aux personnes en fauteuil. Et vous pouvez suivre le sentier pédestre du littoral pour profiter d'une nature sauvage et faire escale dans de petites criques accessibles uniquement à pied ou par bateau.

BELVÉDÈRE-CAMPOMORO ★★

Perché sur un plateau, à proximité d'une côte sauvage et déchiquetée avec quelques plages étroites, Belvédère-Campomoro est un village d'architecture classique pour la région, dominé par le château Durazzo. Sur le littoral, le petit port résidentiel de Campomoro est un bijou qui abrite quelques vieilles maisons et surtout une tour génoise, située sur la pointe éponyme, entièrement restaurée. Des visites guidées sont organisées pendant l'été. Non loin de là, on peut visiter le site du dolmen de Tola, ainsi que le menhir de Capo di Lugo et trois coffres mégalithiques. Le port paisible hors saison (150 habitants), animé en été (3 000 touristes !), est sur le sentier du littoral qui relie des sites naturels exceptionnels et en quelques heures de marche le phare-refuge de Senetosa et son environnement somptueux.

A voir – A faire

■ LA TOUR GÉNOISE DE CAMPOMORO ★★
Campomoro
✆ 04 95 76 01 49
www.campumoru-senetosa.corsica
contact@lacorsedesorigines.com
Fermé d'octobre au 10 avril. Ouvert tous les jours à partir de 10h et jusqu'à 18h. Gratuit jusqu'à 12 ans. Adulte : 2,50 €. CB non acceptée. Visite guidée (sur demande). Boutique.

La Tour Génoise de Campomoro.

Restaurée en 1986 et propriété du conservatoire du littoral, l'imposante tour du XVIe siècle est ouverte au public. Étant difficile, voire interdit, de se garer à proximité, il conviendra de laisser sa voiture à l'entrée du village. Vous entreprendrez alors une marche d'un peu plus d'un kilomètre pour vous rendre à la tour, en suivant la route ou la plage ; il vous faudra par la suite emprunter le chemin qui dessert le lotissement « Cala Nova » jusqu'au col.

Sports / loisirs / activités

LES RANDONNÉES SUR LE SENTIER DES DOUANIERS

Campomoro

Débutant au pied de la tour de Campo Moro, le littoral sud-ouest est sans doute le mieux protégé de la Corse et compte trois sentiers notables : le chemin de la tour, la boucle tour et i Pozzi, ainsi que la Punta Bianca. En une journée de marche, on peut parcourir à pied toute la côte depuis Belvédère jusqu'à Tizzano. Pour faciliter la découverte de ces territoires, le Conservatoire du Littoral a réaménagé le phare de Sénétosa, un gîte confortable pour randonneurs, ouvert en saison.

SUD NAUTIK

Plage de Campomoro
✆ 06 14 11 68 82
www.sudnautik.com
sudnautik@gmail.com

Ouvert d'avril à fin octobre. Haute saison : ouvert tous les jours et les jours fériés. CB non acceptée. Chèque Vacances.

Une petite structure un peu cachée juste à côté du club de Torra plongée, sur la plage. Sud Nautik propose du bon matériel en location (kayak ou paddle) et surtout de superbes balades accompagnées sur les plus beaux sites naturels de la baie de Campomoro. Vous aurez ainsi l'opportunité de vous émerveiller et de passer un moment magique au fil de l'eau. Sur réservation, des activités sont proposées aux enfants l'après-midi.

© SÉBASTIEN KOMARNICKI – STOCK.ADOBE.COM

Baie de Campomoro.

TORRA PLONGÉE

Campomoro – D521 ✆ 06 83 58 81 81
torra.plongee@gmail.com
A 13 km de Propriano.
Ouvert d'avril à fin octobre. Ouvert tous les jours de 8h à 20h. Chèque Vacances.
Une entreprise leader dans la randonnée palmée. Une équipe de professionnels vous propose de découvrir la magie des fonds du golfe de Campomoro dont le site référence du Tonneau, le petit rocher à droite de la baie. Les explorations permettent la découverte du golfe du Valinco (les Cathédrales, la grande vallée, le Sec de la tour) et la côte sauvage au sud de Senetosa. À découvrir : le sentier sous-marin, créé à Campo, à faire en snorkeling encadré à partir de 8 ans. One day Torra : journée de plongée spéciale pour débutants en petit groupe. Formations proposées.

SARTÈNE ★★★

De son passé génois, Sartène, que Prosper Mérimée qualifiait de « la plus corse des villes corses », n'a gardé que quelques vestiges, dont la tour de l'échauguette et l'hôtel de ville. Sartène perchée sur son éperon rocheux du Pitraghiu offre un panorama exceptionnel jusqu'aux aiguilles de Bavella. Cette ville d'Art et d'Histoire abrite un riche patrimoine religieux et naturel. Au sud du village, on peut encore voir le couvent San-Damianu, où va s'isoler le Catenacciu. Sachez que le Catenacciu de Sartène, procession nocturne qui se déroule dans la ville de Sartène le soir du Vendredi saint est le plus célèbre de Corse. Une fête très populaire. Les environs de Sartène sont également chargés d'histoire. La présence humaine dans la partie sud-est est attestée dès la Préhistoire. En témoignent de nombreux mégalithes. Sur le plateau de Cauria, à Fontanaccia au sud de la ville, on trouve un dolmen majestueux, que les villageois appelaient autrefois avec crainte la forge du Diable (A Stazzona di u Diavulu). Il est entouré de 25 menhirs, qui seraient les victimes du Malin. Sartène, c'est aussi une terre viticole et une plage de rêve, la plage de sable de Roccapina.

A voir – A faire

A CASA DI ROCCAPINA ★
RT40 – Col de Roccapina
✆ 04 95 71 56 30
www.corsedusud.fr
roccapina@isula.corsica
Ouvert tous les jours sauf dimanche et lundi de 10h à 18h en saison (dernière visite guidée à 16h45). D'octobre à fin avril ouvert de 9h à 16h sauf dimanche et lundi. Gratuit jusqu'à 18 ans. Tarif plein : 2 €. Tarif réduit : 1 €. Visite guidée sur réservations. Chiens non acceptés.
Heureuse initiative du Conservatoire du littoral et du conseil départemental de la Corse-du-Sud qui ont aménagé cette ancienne maison cantonnière en un espace muséographique remarquable. Six salles d'exposition réparties sur deux étages sont dédiées aux richesses et à l'histoire du site. Parmi les thématiques traitées, la biodiversité, la présence de l'homme durant les deux guerres mondiales. On apprend que l'auberge occupe un ancien poste douanier. On découvre la géologie de ce site et comment l'érosion a sculpté taffoni et animaux dont le lion de Roccapina.

Sports / loisirs / activités

ACQUA MONDO
Tizzano – Plage de L'Avena
D48 ✆ 06 14 23 50 93
www.acqua-mondo.com
acquamondo@hotmail.fr
Ouvert de mi-juin à mi-septembre. Ouvert tous les jours de 9h à 19h. CB non acceptée. Chèque Vacances. Sur réservation la veille pour les randos.
Idéalement placé sur la plage de Tizzano, pour accéder au plus vite aux sites des environs, Vanina Mondoloni, diplômée d'État, organise toute la saison des sorties en kayaks de mer sur les sites magiques de Senetosa, Tradicettu, Murtoli et Erbaghju. Sorties à la journée ou à la demi-journée avec matériel fourni. Les commentaires éclairés de Vahina enrichissent le parcours. Plusieurs parcours proposés. Les sorties au coucher du soleil sont les plus féeriques. Location seul de kayak mono et biplace, stand up paddle et même de bateaux à pédales.

SAINTE LUCIE DE TALLANO ★★

Village perché, Sainte-Lucie-de-Tallano est considéré comme l'un des plus beaux de Corse. Ses ruelles alignent des maisons anciennes, hautes et étroites. Au centre du village, on trouve une belle place avec une fontaine en diorite datant de 1875. On peut également voir une maison fortifiée du XVIe siècle avec des mâchicoulis. Non loin, un ancien moulin a été réhabilité en musée. On vient à Sainte-Lucie-de-Tallano pour son environnement naturel et pour prendre les eaux d'une source dont les bienfaits sont avérés.

LES BAINS DE CALDANE

D548
Caldane
Route de Granacce
✆ 04 95 73 50 26
www.hotelresidence-caldane.com
contact@hotelresidence-caldane.com
Basse saison : ouvert tous les jours et les jours fériés de 9h à 20h. Haute saison : tous les jours et les jours fériés de 9h à 23h30. Ouvert le dimanche. CB acceptée à partir de 20€. Entrée : 7 €. Moins de 8 ans : 3 €. Sauna aromatique : 25 € la demi-heure. Sauna finlandais avec douche froide : 25€ la demi-heure. Formule jacuzzi (eau de Caldane) bain à 20€ / Séjour 1 nuit de 120 € à 400 € ; 1 semaine de 630 € à 2660 €. Restauration (carte 22 € environ). Boutique.

Les bains de Caldane sont un endroit merveilleux pour se baigner et se ressourcer. Creusés à même la roche, en pleine nature et alimentés par une source d'eau sulfureuse qui jaillit naturellement à 38 °C. Celles-ci possèdent des propriétés curatives (dermatologie, rhumatologie...). Les Bains de Caldane proposent sauna finlandais (80°-90 °) et un sauna infrarouge à tester de toute urgence. Les produits cosmétiques aux eaux de Caldane sont disponibles sur place et sur le site internet. Pour un vrai moment de lâcher prise et de bonheur dans un cadre majestueux.

RANDONNÉE DANS LA VALLÉE DI RIZZANESE

Comme pour beaucoup de randonnées en Corse, c'est à travers le magnifique maquis que débute votre balade. Au départ de Ste Lucie de Tallano, vous traversez la forêt du Rizzanese dans des paysages hors du temps, une halte à la chapelle du XIIe siècle, et vous serpentez le long de ce cours d'eau de 56 kilomètres. Le Rizzanese magnifique rivière, s'échappe du Monte Incudine à 2 100 m et déferle dans le massif, redescend lentement vers le golfe du Valinco pour finir sa course à Propriano.

Sainte-Lucie-de-Tallano.

OLMETO ★

Olmeto, dominant le magnifique golfe du Valinco, est une vaste commune offrant ses plages de roche noire, sa plaine avec les bains naturels sulfureux de Baracci, ses tours génoises. La vieille ville aux ruelles pavées et aux passages voûtés dévoile ses maisons aux hautes façades de pierre, une église d'architecture romane, un lavoir du XIXe siècle ou encore la dernière maison de Colomba Carabelli-Bartoli. Le littoral, lui, consiste en une côte sauvage alternant roche noire et sable blond. Sur les 20 km, vous trouvez deux tours génoises (Calanca et Micalona). La commune abrite aussi des sources thermales de Baracci ainsi qu'un fameux canyoning sur la rivière de Baracci, terrain de jeu spectaculaire alliant cascades, vasques, sauts, nage, marche aquatique, escalade... Si vous passez par Olmeto le lundi de Pentecôte, vous assisterez à la tradition vivace d'un pèlerinage vers la chapelle du Saint-Esprit.

LE CANYON DE BARACCI ★★

✆ 04 95 76 01 49

Ouvert d'avril à octobre. Adulte : 45 €. Réservation obligatoire.

A quelques encablures du littoral, se trouve ce joli canyon enserré de roches rouges, où l'on retrouve paix et fraîcheur mais aussi sensations. C'est l'un des tout premiers ouverts en Corse avec deux grands toboggans. Cette descente s'adresse à tous, y compris aux néophytes à partir de 7 ans et peut se faire en toutes saisons. Toboggans, nombreux sauts, canyon d'initiation et de mise en jambes par excellence. Dénivelé : 100 m. Hauteur maximum de cascade : 125 m. Durée : approche 5 minutes, descente 5 heures. Retour : 15 minutes. Encadrement professionnel.

Sports / loisirs / activités

LES BAINS DE BARACCI

Sources thermales – D257
20113 Olmeto (France)
✆ 04 95 76 30 40
bainsdebaracci.olmeto@gmail.com

Basse saison : ouvert du mardi au dimanche de 10h à 18h. Haute saison : tous les jours et les jours fériés de 10h à 20h. Fermé le lundi en saison. Entrée : 7 € (bassin Intérieur et extérieur). Bain bouillonnant 7 € (eau de source non sulfureuse). Baignoire hydromassante 10 €. Douche à affusion 10 €. Hammam 10 € (eau de source non sulfureuse). Sauna 10 €. Boutique.

Situés à Olmeto, au cœur du magnifique Golfe du Valinco, les anciens thermes romains sont sous la gestion de la municipalité depuis 1992 et bénéficie actuellement d'un plan de réhabilitation et de mise en valeur orchestré par l'ATC, Agence Touristique de Corse. On s'y rendait jusqu'à lors comme à la piscine. Les deux bassins disposent d'une eau de source chaude à 39 °C, sulfurée et sodique, préconisée pour les traitements externes des rhumatismes, dermatoses et affections des voies respiratoires. Construit en 1881, l'ancien hôtel des bains est une réplique d'une maison coloniale de Saïgon. Après quelques longueurs à la piscine, on profite d'autres plaisirs aquatiques (jacuzzi, baignoire hydromassante, douche à affusion) ou on teste un massage avant de faire le plein de produits cosmétiques bio à base d'eau sulfureuse agrémentée de myrte, de nepita et autres plantes bienfaisantes du maquis.

SUD CORSE

Le sud de la Corse et Bonifacio, joyau hors compétition avec sa citadelle, ses falaises, ses îles et ses fonds marins, offrent des plages de rêve, un sentier du littoral, des excursions en mer et un large choix d'activités nautiques. Porto-Vecchio est connu pour abriter la plage de carte postale de Palombaggia, soit 10 km d'un littoral aux criques immenses ou minuscules, avec du sable blanc et une eau turquoise, des pins et des roseaux, des rochers où crapahuter et des paillotes. S'ajoutent les trésors de l'arrière-pays, la montagne à une demi-heure de la plage avec le joyau de l'Ospedale, son lac, sa forêt de pins, ses sentiers, ses falaises, sans oublier les piscines naturelles de la vallée du Cavu et la fraîcheur de la rivière appréciée en été ou encore les vignobles de Figari. Les prestataires touristiques rivalisent pour vous offrir des aventures marines inoubliables, des pâtes aux langoustes dégustées face à l'archipel des Lavazzi aux séances de yoga sur l'eau...

BONIFACIO ★★★★

Perché sur des falaises de calcaire blanc, Bonifacio regarde l'horizon dans un cadre enchanteur. Spectaculaire ! La ville haute, fortifiée, avec ses maisons construites à même la falaise bénéficie d'un panorama vertigineux sur les bouches de Bonifacio et la Sardaigne. On y accède par la montée de Saint-Roch, qui mène à la porte de Gênes. Le culte de ce saint est très important à Bonifacio. Une chapelle érigée en son honneur rappelle les morts de la peste au XVIe siècle, et une merendella a lieu le jour de sa fête, le 16 août. La citadelle se visite, et un musée présente la vie bonifacienne au Moyen Âge. La marine est un lieu très agréable, et son port, à l'abri des vents, est très fréquenté. C'est un point de départ pour découvrir Bonifacio côté mer. De nombreuses navettes maritimes proposent des excursions vers les grottes marines et les îles Lavezzi. On peut ainsi découvrir la grotte du S'Dragonato (Dragon), dont les algues violettes aux reflets irisés jouent avec le soleil et teintent la roche d'une couleur particulière.

L'AUTRE CROISIÈRE

Port de plaisance ✆ 06 17 62 31 06
www.lautrecroisiere.com

De mars à novembre. Embarquement à 9h à bord du Castille Enora, retour à quai à 17h. Chèque Vacances. Visite guidée.

L'Autre Croisière est orchestrée par Jean-Michel et son équipage qui vous proposent des escapades de rêve d'une journée, avec baignade dans les criques au cœur de la réserve naturelle de Bonifacio, découverte de l'archipel des Lavezzi, grottes marines et pâtes à la langouste à bord du bateau. Les périples se font en petits groupes après un café de bienvenue... Une découverte intimiste de l'environnement exceptionnel du Parc Marin international des Bouches de Bonifacio déployé sur 80 000 ha entre le Sud de la Corse et le nord de la Sardaigne.

EMMA ET NICOLAS SUR FREEMOUSSE

C'est l'amour de la mer qui a réuni Emma Mailaender et Nicolas Rose. Installés à Figari avec leurs enfants, ces deux skippers chaleureux animent Corsican Sailors, riche d'une petite flotte : le monocoque Freemousse, voilier en bois pour 4 passagers, et le catamaran Eleven, Alibi 54 pour 6 passagers. Leurs bateaux sont à quai dans le petit port de Pianotolli-Caldarello, face à la plage de Figari, au sein d'un environnement naturel préservé. Emma et Nicolas organisent des croisières d'une journée à une semaine de navigation dans les Bouches de Bonifacio, vers les archipels, la Sardaigne et au-delà : « Nous naviguons en fonction des vents, le plus possible à la voile, dans une ambiance conviviale et le respect de l'environnement, avec des escales dans les plus beaux spots pour l'observation de la nature, le snorkeling et la baignade. » Emma et Nicolas, chacun moniteur de voile et capitaine 200 voile, vous accompagnent en croisière et peuvent vous former à la navigation. Nicolas assure également l'entretien et la logistique de ses bateaux, mais aussi d'autres voiliers, et des prestations de broker. Emma, elle, anime sur Freemousse des stages de voile pour les adolescents. « J'embarque 5 jeunes de 10 à 14 ans pour 5 jours à bord pour une superbe expérience de vie et de navigation, avec apprentissage de la vie collective à bord et des bons gestes de marin ! » Grâce à quoi Emma et Nicolas ont le bonheur d'être plus souvent en mer qu'à terre et de partager leur passion avec des co-équipiers toujours ravis de l'aventure.

© NOAK

Emma Mailaender et Nicolas Rose, skippers.

SPMB, PROMENADES EN MER

Port de Bonifacio ✆ 04 95 10 97 50
www.spmbonifacio.com
Ouvert toute l'année. Tous les jours. Départs toutes les 30 min de 9h à 18h. Parking gratuit. Visite guidée.
La société des Promenades en Mer de Bonifacio propose plusieurs circuits à la découverte du parc marin des bouches de Bonifacio. Le grand classique est la visite des grottes, falaises et calanques en une heure, proposée avec l'option vision sous-marine en 1h15. Si vous disposez d'une demi-journée, consacrez-la à la découverte de la réserve naturelle des îles Lavezzi. Pas d'inquiétude : vous aurez toujours une place à bord de la flotte de la SPMB (18 bateaux) qui regroupe plusieurs compagnies maritimes dont Thalassa Croisières ou Rocca Croisières.

A voir - A faire

LE GRAIN DE SABLE ★

C'est le rocher le plus célèbre de Bonifacio. Ce grain de sable, qui doit son appellation à sa forme et non à sa taille, est l'un des éléments marquants du panorama naturel de Bonifacio, masse de calcaire détachée de la falaise. Cette roche, située à proximité de la côte et visible depuis les hauteurs de la cité, symbolise le destin inéluctable que la nature semble réserver à la ville de Bonifacio, à très longue échéance bien entendu, une destinée similaire à celle de Venise : être ensevelie sous les flots. L'érosion qui a sculpté la côte de l'extrême sud de l'île de Beauté menace les constructions les plus proches de la mer. Les bouches de Bonifacio comptent parmi les côtes les plus exposées aux éléments du pourtour méditerranéen et sont le théâtre de tempêtes titanesques durant lesquelles la mer se dispute au vent pour renverser les bateaux et projeter les gros navires sur les côtes comme ce fut le cas pour *La Sémillante* en 1855.

ÎLES LAVEZZI

Au large de Bonifacio
Ouvert toute l'année.
Le cimetière de la Sémillante, situé sur les îles Lavezzi, est un lieu chargé d'histoire. En février 1855, le naufrage de la frégate *La Sémillante* a marqué la région de Bonifacio. Transportant des renforts pour le front de Crimée, le navire a sombré, laissant de nombreux corps rejetés par la mer. Ces marins ont été inhumés sur les îles Lavezzi, formant ainsi un cimetière maritime. Depuis cet événement, le site a été rénové en 1979, préservant la mémoire de ces hommes disparus en mer. Un lieu de recueillement et de souvenir, rendant hommage aux marins.

L'ÎLE DE CAVALLO ★

On la surnomme l'île des milliardaires. Entre la Corse et la Sardaigne, l'île fut exploitée par les Romains qui y envoyaient des prisonniers pour extraire du granit destiné à l'édification de temples. Puis l'île fut abandonnée jusqu'en 1800. Un berger vint alors s'y installer avec son troupeau. Puis, à partir de 1970, de très luxueuses résidences furent construites avec des ports privés pour yachts de luxe. Une navette ouverte à tous relie l'île depuis la plage de Piantarella. Les plages et sentiers de l'île étant communaux, il est possible d'en jouir lors d'une visite.

LES PLAGES DE BONIFACIO ★★★

✆ 04 95 73 11 88 – www.bonifacio.fr
annexe@bonifacio.fr
Une vingtaine de plages à Bonifacio font le bonheur des amateurs de farniente, de

sports aquatiques et de bronzette. Allez poser votre serviette sur les plages de Sperone, de Piantarella, de Calalonga, de Santa Manza, de Maora, de la Tonnara, ou encore sur les sables de la jolie baie circulaire de Rondinara. Les enfants se feront une joie de construire le plus beau des châteaux de sable tandis que vous profiterez du paysage et de la douceur de vivre. Attention, sur certaines plages les chiens sont acceptés seulement s'ils sont tenus en laisse.

LA RÉSERVE NATURELLE DES BOUCHES DE BONIFACIO ★★★★

Parc marin des Bouches de Bonifacio
www.rnbb.fr
Ouvert toute l'année.
Incontournables, ces magnifiques blocs de granit polis par la mer font partie des plus beaux joyaux de la Corse. Le paysage, presque lunaire, est préservé : véritables réservoirs de la biodiversité, les îles Lavezzi sont considérées par les scientifiques comme un lieu d'observation de nombreuses espèces naturelles. Ballet de poissons et dauphins dans une eau turquoise. Vrai paradis pour les plongeurs (la plongée en bouteille est toutefois interdite), l'archipel appartient au parc marin international. La pêche y est strictement interdite. D'un point de vue historique les Lavezzi furent le théâtre d'un naufrage qui coûta la vie de 773 hommes le 15 février 1855 lors du naufrage de la frégate française *La Sémillante* qui venait de Toulon en direction de la mer noire afin d'apporter du renfort lors de la guerre de Crimée. Essuyant une violente tempête, le navire se brisa sur les hauts fonds et aucun homme n'en réchappa. Une pyramide de granit rend hommage aux victimes. Plusieurs compagnies de Bonifacio ou de Porto Vecchio pour vous rendre sur les Iles ou louer un bateau. Évitez si possible la visite durant les mois de juillet et août, le nombre de touristes venant découvrir les lieux vous empêchera de profiter du paysage. Le chemin du littoral sillonne l'île de part en part. N'oubliez pas les chapeaux, l'indispensable crème solaire car le soleil reflété par le granit et l'eau est surpuissant, bouteille d'eau car il n'y a pas d'eau potable sur l'île et quasiment pas d'ombre !

LE SENTIER SOUS-MARIN DE L'ÎLE LAVEZZI

Inscription auprès de l'OT de Bonifacio.
Pour une visite guidée en snorkeling dans le musée sous-marin du Parc Marin, rendez-vous sur l'île Lavezzi ! Prévoyez palmes, masque et tuba. Sars, girelles et oblades viennent à la rencontre des plongeurs curieux pour les accompagner le long d'une promenade exceptionnelle. Dans une ambiance conviviale, la mise à l'eau s'effectue depuis la plage de l'Achiarina. La visite sous-marine dure environ 45 minutes et est accessible à tout public dès 8 ans.

LES SITES DE PLONGÉE DANS L'EXTRÊME-SUD ★★★

Accessible toute l'année.
Si l'extrême-sud de la Corse bénéficie de rivages escarpés et d'un panorama fascinant empreint d'envoûtants attraits, il n'en regorge pas moins de fabuleux sites propices à l'exploration sous-marine. Parmi eux, le cap de Pertusato, vertigineuse paroi rocheuse plongeant dans l'eau turquoise, la Tête de Cheval foisonnant de gorgones rouges à l'ouest des îles Lavezzi, les Cloches sous lesquelles se cachent les murènes, le Capu Tafunatu et le Capi Neru, où faune, flore et corail abondent.

Se restaurer

LA PAILLOTE CHEZ ANGE

Plage de Rondinara
✆ 04 95 70 07 08
www.rondinara.fr
laplage@rondinara.fr
Ouvert de mai à fin septembre. Haute saison : ouvert tous les jours et les jours fériés le midi et le soir. Mai et septembre fermé le soir. Réservation recommandée. Vin au verre. Chèques non acceptés. Accueil des groupes. Chaises bébé. Jardin. Terrasse. Vente à emporter. Animations.

Une baie de rêve, une plage sublime et une paillote du même acabit. On vient ici par la route ou en bateau pour apprécier l'accueil de toute une équipe souriante et s'attabler en toute convivialité face à cette vue superbe. Au menu : grandes salades, poisson et viande grillée, le tout élaboré simplement mais avec des produits frais et de beaux desserts. Plage aménagée de transats et parasols, service pontonnier, bar à cocktails, snack et glacier. Quelques belles ambiances musicales pour couronner le tout et... un vivier à langoustes. Camping dans la baie.

Sports / loisirs / activités

BONIFACIO WINDSURF

Hameau de Piantarella
✆ 06 80 31 51 41
www.bonifacio-windsurf.com
info@bonifacio-windsurf.com
Fermé de novembre à mars. Ouvert tous les jours et les jours fériés de 10h à 18h. Location, cours et stages de planche à voile, kayak, stand up paddle. Cours collectifs ou particuliers, à partir de 5 ans. Location windsurf à partir de 25 € /heure ; cours collectif à partir de 50 € la séance. Chèque Vacances.

Laissez-vous emporter par l'air marin et découvrez les nombreuses activités nautiques proposées. Fans de planche à voile, de kayak ou de paddle, il y en a pour tous les goûts et tous les âges ! Le club se situe dans la baie féerique de Piantarella, qui profite des meilleurs

© BALATE DORIN - STOCK.ADOBE.COM

Bonifacio.

vents pour la pratique de ces activités. Cette école de planche à voile et location de windsurf propose également de la location de kayak de mer et de stand up paddle, ainsi que des sorties encadrées vers les îles Lavezzi et les falaises de Bonifacio ; mais il conviendra de réserver en saison !

BONIFACIO PLONGÉE

T40
Avenue Sylver-Bohn
Sennola
✆ 04 20 04 73 27
www.bonifacioplongee.corsica
contact@bonifacioplongee.corsica
Bus en face de la station Esso.
De mi-mai à fin octobre. CB non acceptée.
Au cœur de la Réserve naturelle des Bouches de Bonifacio, débutants comme plongeurs confirmés pourront découvrir l'exubérance de la vie sous-marine dans 5 spots différents : les îles Lavezzi, le sec du Pelu appelé aussi « mérou-ville », les îles Cerbicales au large de la plage de Palombaggia, la balise de l'écueil de Perduto et enfin le site de la tête d'homme et la tête de cheval. Les baptêmes à partir de 7 ans et les randonnées palmées sont uniquement programmés l'après-midi. Il est même possible de faire votre demande en mariage sous l'eau !

BONIF KAYAK

D260 – Plage de Piantarella
✆ 06 27 11 30 73
www.bonifacio-kayak.com
bonifaciokayak@gmail.com
Transport en navette depuis le port de Bonifacio jusqu'à l'embarcadère de Piantarella (infos à l'office de tourisme de Bonifacio). Route D260 (5 km depuis le port de Bonifacio).
Location et balades guidées en kayak de mer ou stand-up paddle. De mars à novembre, tous les jours en été.
Jessyca de Bonif Kayak, guide brevetée, vous propose des balades guidées en kayak ou stand up de mer au cœur de la réserve des bouches de Bonifacio. Suivez la guide et embarquez pour une randonnée sur le magnifique lagon de Piantarella, une escapade aux îles Lavezzi, ouvrez grand les yeux près des falaises et grottes de Bonifacio. C'est magique ! Au programme : pause baignade et observation en masque et tubas des poissons de la réserve naturelle des bouches de Bonifacio. Au choix : escapade gourmande avec produits corses et même séance de yoga sur l'eau.

A CASA GLISSE

Plage de Tonara
✆ 06 12 89 96 12
www.acasa-glisse.com
acasaglisse@gmail.com
Ouvert du 15 mai au 15 octobre. Haute saison : ouvert tous les jours. Sur réservation. Ecole de windsurf, location et randonnée en kayak de mer, Wake skate, bouée tractée. CB non acceptée.
L'école de windsurf de Bonifacio est basée sur la plage de La Tonnara, un site paradisiaque renommé en Corse pour le windsurf (n°1 du top 15 des spots les plus ventés de France en juillet selon *Wind magazine*). Cette école de windsurf réputée propose des cours et des stages d'initiation, de perfectionnement, ainsi que la location de windsurf pour tous les niveaux. Pour les jours de pétole (sans vent), l'école propose des randonnées et la location de kayak, de bouées tractées, de Paddle board et de Wind foil, le tout encadré par des personnes passionnées et diplômées.

CLUB DE VOILE DE BONIFACIO

Piantarella
✆ 06 83 17 37 17
www.ecole-windsurf.com
info@ecole-windsurf.com

Haute saison : ouvert tous les jours. Location planches à voile à partir de 15 € / heure ; Fun board 25 € / heure ; Windfoil 35 € / heure. Cours collectif de planche à voile à partir de 35 €. Tous les tarifs sur le site. CB non acceptée.

Le Club de voile de Bonifacio se trouve sur le site de Piantarella et vous propose son école ainsi que la location de catamaran, windsurf, dériveur, paddle-board et kayak ; également, des croisières à la journée et à la demi-journée à bord de catamaran à voile. Escales aux îles Lavezzi, Cavallo et dans l'archipel Nord-Sardaigne. Formule découverte ou formule école. Toutes ces activités sont encadrées par des moniteurs diplômés d'Etat et l'école a le label FFV.

CORSICA KITEBOARDING

Piantarella
✆ 06 75 01 50 04
www.corsica-kiteboarding.com
corsekite@gmail.com

Ouvert d'avril à novembre. Haute saison : ouvert tous les jours. Stage à La Tonnara et Piantarella à partir de 180 €. Cours particulier selon niveau. CB non acceptée.

Une école de kite surf itinérante autour de Bonifacio pour mieux choix les sites en fonction de la météo. L'école est l'une des premières écoles de kite de la Corse qui a été fondée en 2001 par Max Thevoux et reprise depuis 2019 par Magali et Pierre. Cours particuliers en eau peu profonde (on l'on a pied) et cours collectifs en bateau pour les plus avancés.Tous les niveaux pour : surf strapless, kite foil pour survoler les flots, wing foil (aile que l'on tient dans dans la main entre le kite et la planche). Une équipe sympathique !

MAORA B'CH SAILING CLUB

Sant'Amanza
Plage de Maora
✆ 06 34 23 97 81
www.maora-beach.com
info@maora-beach.com

Ouvert d'avril à octobre, du matin au soir.

Le Golfe de Sant'Amanza est apprécié par les amateurs d'authenticité. Au milieu de la plage de Maora cette base nautique conviviale est bien connue des Bonifaciens. On peut y louer : stand-up paddle, kayak, voiles légères... ou pratiquer des activités de ski nautique, wakeboard et bouée tractée. S'ajoutent un catamaran de 11 m (jusqu'à 14 personnes) en location à la demi-journée ou la journée avec skipper, un snack à toute heure *on the beach*, sans oublier la paillote avec la carte des pizzas de Bruno. Tout ce qu'il faut pour une journée à la plage !

FIGARI ★★

La commune de Figari va de la montagne à la mer en 14 hameaux et lieux-dits. Sa façade littorale de 800 ha fait partie intégrante du parc international marin. C'est un vrai fjord naturel avec des kilomètres de criques désertes et une jolie tour génoise. Les brises du sud et d'ouest souvent présentes font la joie des véliplanchistes qui apprécient tout particulièrement le spot du golfe de Figari. On trouve sur la commune un aéroport et des vignobles aux vins prisés. Quant au port de plaisance de Figari, le port de Pianottoli-Caldarello, il s'avère paisible et charmant.

A voir - A faire

LES PLAGES, CRIQUES ET RIVIÈRE DE FIGARI ★★★

Accessible toute l'année, 24h/24.

Rivalisant de superbe et d'atours sauvages, les plages de la Testa offrent un cadre privilégié pour briser la lame et l'azur, en surf ou en kitesurf ! Nichées parmi elles, une dizaine de criques y déploient leur charme indolent. Pour les « marins d'eau douce », la rivière de Figari, s'étirant lascivement à quelques minutes de marche, est un charmant lieu de baignade avec ses piscines naturelles, ses toboggans et ses grandes dalles de granit, pour bronzer en toute tranquillité !

PORT DE PIANOTTOLI-CALDARELLO

D122, Strada di u sbarcatoghju
✆ 04 95 71 83 57
port@pianottoli-caldarello.fr

En face de la plage de Figari, ce port de pêche et de plaisance (270 places) est un petit havre paisible et convivial. Au cœur du maquis et au sein de la réserve naturelle des Bouches de Bonifacio, il voisine des plages sauvages et des criques secrètes, loin de l'ambiance bling-bling de certains ports de plaisance. En naviguant à Pianottoli-Caldarello et dans ses environs, vous découvrirez des milieux marins et littoraux superbes et une riche biodiversité à préserver.

Sports / loisirs / activités

CORSICAN SAILORS

sbarcatojo ✆ 06 89 86 02 85
www.corsicansailors.com/
corsicansailors@gmail.com

Sur le catamaran, dès 650 € la journée de navigation, 3 210 € la semaine (hors skipper, nourriture et carburant).

Sympathique couple de skippers, Emma et Nicolas proposent des croisières, des formations à la voile ou encore la maintenance de votre bateau. Moniteurs et marins professionnels, basés dans le port de Pianottoli-Caldarello, ils vous accompagnent à la découverte des Bouches de Bonifacio et d'autres itinéraires autour de l'île. Embarquez avec eux sur leur monocoque Freemousse ou leur catamaran Eleven pour une aventure au plus proche de la nature et de l'esprit marin. Également des stages de voile de 5 jours à bord de Freemousse pour les jeunes de 10 à 14 ans.

LECCI ★★

La station balnéaire dont le nom signifie « chêne vert » évoque l'exploitation de ces arbres qui assurèrent pendant des siècles la relative richesse de ses habitants. Le littoral offre 10 km de plages de sable fin, de pinèdes et de maquis protégés. En été, la colline du Beneddettu, la presqu'île de Cala Rossa, l'anse de Saint-Cyprien et celle de Golfo di Sogno proposent également toutes les activités balnéaires, sportives et gastronomiques. La plage de Saint-Cyprien est réputée pour être l'une des plus belles de Corse avec ses eaux turquoise et son pain de sucre au milieu de la baie.

A voir - A faire

PLAGES DE LECCI

Plages accessibles toute l'année.

Le littoral de Lecci propose un panorama fascinant composé de rivages pittoresques.Dominée par une tour génoise, Saint-Cyprien est une magnifique plage bordée par l'étang d'Arasu et conseillée aux enfants en raison de sa profondeur d'eau progressive. De nombreux vestiges y ont été découverts à proximité de l'embouchure de l'Osu. Cala Rossa propose un dégradé de vert et de bleu avec en toile de fond les aiguilles de Bavella. Quant à la petite plage du Benedettu, elle vous attend blottie au fond de sa presqu'île du même nom protégée par un oppidum romain.

Se restaurer

LE TIKI CHEZ MARCO

Boulevard de la Marine
Plage de Saint-Cyprien
✆ 04 95 71 65 46
marc.ory@me.com

Fermé d'octobre à avril. Ouvert de mai à fin septembre. Haute saison : ouvert tous les jours et les jours fériés le midi et le soir. Tous les jours de 10h à 01h. Service le midi uniquement de mi-mai à mi-juin. Réservation recommandée. Carte : 25 € environ (le midi). Vin au verre. Transat : 40€/journée. Chaises bébé. Jardin. Terrasse. Boutique. Wifi gratuit. Plage aménagée de transats et parasols. Service batelier.

C'est la paillote historique de la plage de Saint-Cyprien, créée il y a plus de 50 ans par Marcel Ori, précurseur et visionnaire. Aujourd'hui, la structure est immanquable, élégante et raffinée, à base de grandes terrasses panoramiques, de belles salles vitrées et de ponts en teck. Côté cuisine, on est dans la tradition méditerranéenne, avec pizza au feu de bois, grillades, grandes salades-repas et le poisson de la petite pêche. Un endroit cosy et moins people qu'à Porto-Vecchio, avec l'accueil naturel de Sandrina et Marco, les héritiers des lieux.

Sports / loisirs / activités

CHRISTOPHE PAPE

Baie de saint cyprien
37, centre commercial
✆ 06 22 14 58 28
www.subtortue.net
plongee@subtortue.net
Suivre Direction la poste, centre commercial.

Ouvert d'avril à fin octobre. Haute saison : ouvert du lundi au samedi et les jours fériés de 8h30 à 19h. Forfait 6 et 10 plongées non nominatif, stage de formation Padi, FFESSM et ANMP. Stage de formation jeunes plongeurs dès l'âge de 8 ans. 65 € à 70 € le baptême, 55 € la plongée pour les plongeurs équipés et 45 € la plongée pour les plongeurs équipés. Chèque Vacances.

Chef de centre : Greg Girard, brevet d'Etat 1er degré, instructeur PADI, moniteur NITROX.

Deux bateaux semi-rigides, l'un de 8,50 m, 300 CV, 20 plongeurs, et l'autre de 6,20 m, 150 CV, 10 plongeurs. Plusieurs sites abrités pour les baptêmes, différents sites accessibles à partir du niveau 1, plongée profonde entre 40 et 55 m minimum 1 fois par semaine. Centre FFESSM, ANMP et PADI.

LOLLY LOOPS
D668 – San Cypriano
✆ 06 14 67 91 55
www.ecoledevoilecorse.com
Fermé du 15 octobre à avril. Haute saison : ouvert tous les jours et les jours fériés. Location, stages. CB non acceptée. Chèque Vacances.
Située sur la plage de Saint-Cyprien, à côté du Tiki, c'est l'école de voile de Lecci. Vous pouvez y louer des planches à voile, des funboards, des Hobie Cat 15/16, des funboats, des bateaux pédaliers, des kayaks de mer et des stand up paddle. Les leçons et cours collectifs ont lieu sur Optimist, catamaran, funboat, planche, avec des moniteurs diplômés d'État indépendants. Formation pour les enfants de plus de 4 ans et pour les adultes.

PORTO VECCHIO ★★

La ville et sa *marine* sont dominées par les anciennes fortifications génoises, dont certaines parties sont encore bien conservées. On peut encore voir cinq bastions, et une porte, qui était l'entrée principale de la vieille ville. Sur sa place se trouve l'église paroissiale Saint-Jean-Baptiste, construite au XIXe siècle, qui renferme de très belles fresques. Les plages du Grand Sud sont les plus prisées. Sur la presqu'île de Picovaggia, où l'on trouve la réserve naturelle des îles Cerbicales, on peut se baigner à la plage de Palombaggia, entourée de roches rouges et qui accueille des milliers de visiteurs chaque année. Les plages les plus proches de la ville sont Cala-Rossa, la baie de Santa-Giulia et le Golfo di Sogno. L'arrière-pays de cette commune ne manque pas de charme non plus. En été, il est bien agréable de grimper vers le lac de l'Ospedale, sa forêt et sa fraîcheur ou encore vers la vallée du Cavu et ses piscines naturelles.

Plage de Santa-Giulia.

CROISIÈRE EXCLUSIVE

Quai Pascal Paoli –
Port de Plaisance
✆ +33 6 25 81 20 84
www.croisiere-exclusive.fr
croisiere.exclusive2a@gmail.com
Fermé de novembre à mars. Ouvert d'avril à octobre. Sur réservation impérative. Gratuit jusqu'à 3 ans. Chèque Vacances. Visite guidée.

Des bateaux d'exception pour découvrir les plus beaux sites de l'Extrême-Sud jusqu'à la Sardaigne et profiter pleinement d'une journée en mer : Croisière Exclusive s'occupe de tout. Cinq bateaux à moteur puissants de 6 à 12 personnes, un maxi-catamaran à voile pour les goûteurs de silence, des skippers professionnels accueillants et tout le confort à bord avec masques, tubas, paddles, boissons, collations… En circuit ou privatisé pour la journée ou la demi-journée vers la Maddalena, Bonifacio, les îles Lavezzi, Cavallo ou Piantarella. Inoubliable !

CHIOCCA CROISIÈRES RUSCANA

Port de plaisance – Quai Pascal-Paoli
✆ 04 95 70 33 67
www.croisieres-ruscana.com
info@croisieres-ruscana.com
Ouvert d'avril à fin octobre. Ouvert tous les jours et les jours fériés de 9h à 18h. Chèques vacances connect acceptés. Gratuit jusqu'à 4 ans. Adulte : 85 € (avec repas ou 65 € sans repas). Enfant (de 4 à 12 ans) : 50 € (ou 40 € sans repas). Groupe (10 personnes) : 80 €. Menu mer, menu corse et menu végétarien. Chèque Vacances. Visite guidée (en français et italien). Restauration.

Depuis quatre générations, la famille Chiocca vous fait partager les plaisirs de la mer. Tous les matins, départ à 9h (embarquement jusqu'à 8h45 maxi) du port de Porto-Vecchio. À la pointe de la Chiappa, vous découvrirez les îles Cerbicales, Palombaggia, Santa-Giulia, la Rondinara, Sperone et Bonifacio si le temps le permet. Repas servi à bord aux îles Lavezzi. Visite de l'île et baignade.

Plage de Santa-Giulia.

Départ des Lavezzi à 15h en passant par Cavallo, puis une autre petite baignade dans les eaux turquoises au niveau des Îles Cerbicale. Retour vers 18h. Réservez à l'avance !

Autre adresse : Ponton de Pinarello, Sainte-Lucie-de-Porto-Vecchio

A voir - A faire

BAIGNADE DANS LES EAUX DE LA FURCONE

Route de Muratello

A quelques kilomètres de la mer, la rivière Furcone offre des sites de baignade sauvage tout à fait sympathiques. En longeant le cours d'eau, vous trouvez des cascades et des piscines naturelles. Alternative à la baignade en mer, la petite Furcone offre un site de nature idéale pour la détente entre eaux vives, verdure et rocher. C'est dans ce cadre idyllique que s'est installé le village de vacances naturiste U Furu. Ici, on fait corps avec les éléments...

LES ÎLES CERBICALE ★★

Interdites au public. Informations à la Capitainerie de Porto-Vecchio.

La réserve naturelle de Bonifacio et des îles Cerbicale émane d'un protocole d'accord franco-italien signé en 1992. Avec la réserve naturelle des Tre Padule de Suartone, elle représente la plus grande réserve marine de Méditerranée occidentale et abrite une richesse écologique remarquable. Ces territoires sont gérés par l'Office de l'environnement de la Corse et appartiennent conjointement au domaine public maritime, au Conservatoire de l'Espace littoral et des rivages lacustres, aux communes ainsi qu'au Département de la Corse du Sud.

LA FORÊT DE L'OSPEDALE ★★

Départ de plusieurs randonnées.

La forêt de l'Ospedale est enchanteresse. Le village tient son nom « u Spidali » d'un ancien hôpital qui accueillait des voyageurs et des bergers en route vers la montagne dès le XVe siècle. Fontaine, horloge solaire, grands escaliers et maisons de pierres nous rappellent la vie d'autrefois. Autour du village, une forêt de pins lariccio et de hêtres abrite une faune et une flore endémiques. Plus haut, son barrage dessine un décor surprenant. Puis, à quelques pas, un sentier balisé mène à la cascade Piscia di Ghjaddu, une chute d'eau spectaculaire de 60 mètres !

PLAGE DE PALOMBAGGIA ★★★

Le site a un goût de paradis terrestre ! La plage de Palombaggia et ses voisines de Santa Giulia et de la Rondinara composent au sud de la Corse, sur la commune de Porto-Vecchio, un cordon littoral d'une grande beauté naturelle. Considérée comme l'une des plus belles de Corse, la plage de Palombaggia est accessible en traversant une belle pinède. Le site déploie une palette de couleurs superbe : granite rouge des rochers, verdure du maquis et des pins parasol, blancheur du sable, sans oublier le clou du tableau, le bleu méditerranéen. À la différence de la plage de Santa Giulia, celle de Palombaggia conserve un côté sauvage et une ambiance décontractée. En prime, Palombaggia offre un panorama grandiose sur les îles Cerbicale, réserve naturelle et refuge pour de nombreux oiseaux marins. Cette beauté naturelle se prolonge vers le sud, jusqu'au Cap d'Acciaghju. Sur une quinzaine de kilomètres se succèdent les plages de sable fin et les criques sauvages dans une belle harmonie colorée.

Se restaurer

LES 3 PISCINES

Sainte Lucie de Porto Vecchio – Zonza
✆ 06 26 34 01 79

Ouvert de début mai à la Toussaint. Haute saison : ouvert tous les jours. Plats de 12 € à 27 €.

Un bijou de bar-restaurant à l'ambiance mi-paillote de plage mi-safari dans la nature, à deux pas des célèbres trois piscines naturelles étagées sur la rivière Cavu. On marche 1 km sur une piste de terre pour rejoindre ce restaurant de pierres sèches et de bois ombré de toile de jute. On peut aussi venir en voiture avec un nuage de terre peu apprécié des marcheurs... Ce restaurant est un havre de paix gourmand. Assiettes de charcuterie et de fromages corses. Soirées corses avec chants et cochon de lait au feu de bois. Les patrons ont une boucherie à Sainte-Lucie.

Sports / loisirs / activités

CLUB NAUTIQUE DE SANTA GIULIA

Route du Moby-Dick
✆ 04 95 70 58 62
www.club-nautique.fr
clubnautiquesantagiulia@gmail.com

Ouvert d'avril à fin octobre. Haute saison : ouvert tous les jours et les jours fériés de 9h à 19h. Stage, leçon, location de planches à voile, funboat, catamarans, kayaks et stand up paddle. Location à partir de 15 €, cours à partir de 25 €. CB non acceptée. Chèque Vacances.

Voilà de quoi ravir tous les fans de sports nautiques ! Ici on peut pratiquer du windsurf, stand-up, funboat, paddle... En location ou en stage/cours vous y trouverez des planches à voile tous niveaux, de l'initiation au funboard, incluant harnais et combinaisons. Vous pourrez également louer des catamarans et canoës-kayaks, autour d'une équipe expérimentée et dynamique de moniteurs diplômés. En bonus : le fameux stand-up paddle accessible à tous.

PLONGÉE NATURE

La Marine
9, avenue Georges-Pompidou
✆ 06 19 26 26 51
www.plongee-nature.fr
plongee-nature@live.fr
A 100m du Port

Ouvert d'avril à octobre du lundi au samedi et les jours fériés. Baptême 65 € (dès l'âge de 8 ans). CB non acceptée. Chèque Vacances. Plongées sur l'épave du Pinella ou dans la réserve des îles Cerbicales.FFESSM et ANMP, PADI « Green star award » et

Un centre de plongée à taille humaine, sympathique et respectueux de l'environnement et de la clientèle. Deux professionnels y sont à votre service, Alexandra et Christophe, qui vous proposent la pratique de la plongée sur les sites protégés de la réserve des îles Cerbicale, des stages de formation tous niveaux et des explorations à la carte. Deux sites de baptême : l'épave de la Pinella et la Vacca. Sites d'exploration dans la réserve des îles Cerbicale : le danger du Toro, le danger de la Vacca, les Aiguilles, l'Arche, etc.

PORTO VECCHIO PLONGÉE

Rue Mansuetus-Allessandi
✆ 06 71 86 82 67
www.portovecchioplongee.fr
contact@portovecchioplongee.fr
A 400 m du port de plaisance.

Chèques non acceptés. Chèque Vacances. Baptêmes, initiations, formations, explorations, randonnées palmées... Le club de Stéphane dispose de belles installations confortables et de qualité. Matériel neuf et entretenu, six moniteurs, deux semi-rigides de 7 et 9 m, propulsés avec 250 et 450 cc ainsi qu'un nouveau bateau rigide de 10,40 m qui offre le confort et l'espace, pour se rendre au plus vite sur les meilleurs sites du secteur. Le centre est dirigé par Stéphane Gombault BBES, 2e degré. Des formations professionnalisantes, une boutique de vente de matériel de plongée Mares et location d'équipements.

XTREM SUD
D368
Lac de L'Ospedale
✆ 04 95 70 01 20
www.xtremsud.com
info@xtremsud.com
Ouvert de Pâques au 30 septembre. Haute saison : ouvert tous les jours et les jours fériés de 9h à 20h. Parc aventure 22 €, enfant de 12 € (baby park) à 18 € pour les moins de 13 ans.. Canyon de 45 € à 55 €. X'Jump 50 €. CB non acceptée. Chèque Vacances. Parking et buvette.
Emotions, rires et souvenirs sont garantis dans le plus ancien parc aventure de Corse créé par Jean-Michel Bordeaux et Eric Biancarelli il y a plus de vingt ans : 5 ha de pins lariccio et maritimes, quatre circuits de niveaux différents permettent l'accès à tous. Vous pourrez également y découvrir les joies de la via ferrata, vous inscrire pour une descente de canyon à Bavella ou à Piscia di Gallu, faire de l'escalade, en initiation ou en grande voie.
Et, bien sûr, des randonnées pédestres à la carte sur toute l'île selon vos envies et possibilités.

SAGONE

Sagone désigne la station balnéaire implantée sur le littoral de la commune de Vico dans le golfe du même nom qui abrite aussi à l'ouest le port de plaisance de la commune de Cargèse. On y trouve une tour génoise, une grande plage de sable, des criques rocheuses qui enserrent de petites plages sauvages de sable fin, des commerces, des bars, des restaurants et des constructions récentes pour l'hébergement touristique ainsi qu'un petit port.
Sagone abrite aussi les ruines de l'ancienne cathédrale Sant'Appianu, de style roman, ainsi qu'un splendide baptistère cruciforme à cuve octogonale à proximité. Une ville de relative importance se trouvait sur le site au début de l'ère chrétienne. Le golfe de Sagone abrite plusieurs compagnies avec des bateaux de promenade pour partir à la découverte de la réserve de Scandola, de Girolata ou des calanques de Piana.

ALBELLU CROISIÈRES
Petit Port
Corralaggio
D81
✆ 06 95 33 86 46
www.croisierescorsesalbellu.com
contact.albellu@gmail.com
Ouvert d'avril à fin octobre. Gratuit jusqu'à 3 ans. De 50 à 90 € l'excursion de 2h30 à 6h. Chèque Vacances. Visite guidée.

Vous apprécierez ces bateaux de 9 mètres qui, grâce à leur petite taille (12 places maximum) et à leur maniabilité, se faufilent à l'intérieur des grottes et des failles, dans une ambiance chaleureuse et décontractée, que le capitaine Christophe Sandi, fils et petit-fils de pêcheurs, connaît par cœur. Il vous fera découvrir comme personne les merveilles de ce site classé au patrimoine mondial par l'Unesco. Plusieurs circuits sont proposés, avec et sans arrêts, à la journée ou à la demi-journée. Réservation impérative compte tenu de la taille des embarcations.

A voir - A faire

LES PLAGES AUTOUR DE SAGONE ★★

Accessibles toute l'année.

Liamone offre une plage paradisiaque, mais non surveillée, avec des variations de profondeur dans l'eau rapide et abrupte, ainsi que des rouleaux, des courants et contre-courants difficiles à maîtriser. En direction du sud, en chemin vers Sagone, on trouve Menasina, une plage ainsi que celle de l'UCPA, idéale pour les enfants. Avant d'atteindre Sagone depuis Ajaccio, à Esigna, vous découvrirez une superbe plage surveillée du 1er juin au 1er octobre, réputée pour ses restaurants.

Se restaurer

LE SANTANA

D81
Plage du Santana
✆ 04 95 74 02 03
www.lesantana.fr
ancura@orange.fr
A 35 km d'Ajaccio et 16 km
Ouvert toute l'année. D'avril à octobre 7j/7 de 8h à 22h, de novembre à mars

© BALATE.DORIN - SHUTTERSTOCK.COM

Plage de Sagone.

du mardi midi au dimanche midi. Haute saison : tous les jours et les jours fériés le midi et le soir. Réservation recommandée. Menu unique à 36 € (d'avril à novembre, 3 plats). Vin au verre. Chèque Vacances, Chèque Restaurant. Accueil des groupes. Chaises bébé. Jardin. Terrasse. Vente à emporter.
Émile et Jean-Louis Cinotti nous proposent là une superbe réalisation qui fait le bonheur du *Petit Futé* avec ses salles et sa terrasse au bord de l'eau, un beau menu, une belle carte du chef qui décline ses recettes terrestres et maritimes : poissons grillés, pâtes aux langoustes et cuisine du monde à base de produits corses, une carte brasserie le midi et une décoration très réussie... Plage aménagée de transats et de parasols, deux espaces lounge, et même un petit kiosque pour y grignoter à toute heure en saison. Parfait !

Sports / loisirs / activités

PORT DE PLAISANCE DE SAGONE

Vico

235 places dont 35 pour les visiteurs.
Le port de plaisance et de pêche de Cargèse est situé dans la partie nord-ouest de la baie de Sagone, bien protégé par un môle de 200 m, orienté à l'est. Appontements flottants interdits pour voiliers, étrave à quai et pendille pour le passage. Pas de place la nuit pour les catamarans en juillet-août.

SARI-SOLENZARA ★

Le village de Sari, dans la montagne, au cœur de l'Alta Rocca, et la station balnéaire de Solenzara, à l'embouchure du fleuve, composent la commune de Sari-Solenzara. Situé sur une colline, Sari est un village préservé, et était autrefois gardé par une tour génoise située au lieu-dit Cala d'Oro, aujourd'hui détruite, ce qui n'est pas le cas de l'église paroissiale San Pietro au beau clocher à campanile. Solenzara est un petit village de charme avec son joli petit port de plaisance. Loin de l'agitation de Porto-Vecchio et de Bonifacio, Solenzara reste, quelle que soit la période de l'année, un endroit paisible au cœur de la côte des Nacres, zone naturelle préservée, aux longues plages de sable dont celles superbes de Scaffa Rossa ou de Canella. Suivez le sentier du littoral pour découvrir la biodiversité de cette région exceptionnelle.

ACQUA NATURA PARC AVENTURE SOLENZARA CANYONING

Camping des Nacres
Kamiesch
RT10
✆ 06 29 19 19 04
www.corse-canyoning-parc.com
solenzara.loisirs@gmail.com

Ouvert toute l'année. 8 parcours dans les arbres à difficultés progressives pour enfant (à partir de 3 ans) et adulte. De nombreux ateliers ludiques et sportifs. Canyoning à Bavella. Canyon de La Vacca, de Purcaraccia ou le canyon de Pulischellu. Rando Aqua. Randonnée pédestre. Tous les jours et les jours fériés de 9h30 à 20h. Le reste de l'année, sur réservation. Tarifs complets en ligne. CB non acceptée. Chèque Vacances. Buvette, WC et petite restauration.

Le Parc de Solenzara propose des parcours dans les arbres pour les enfants (dès 3 ans), les adultes et les ados, avec une centaine d'ateliers. Acqua & Natura ce sont aussi 2 parcours de canyoning dans les canyons de Bavella (1er parcours dès 7 ans et le 2e dès 12 ans avec expérience), du paintball, et un parc gonflable. Activités nautiques avec la location de paddles, de bateaux à pédales et de kayaks de mer, sans oublier le Hobbie Mirage Éclipse pour voir sous l'eau !

VICO ★★★

La vaste commune de Vico se déploie depuis la mer, au niveau du golfe de Sagone, jusqu'à la montagne, aux portes du lac de Vico. Le chef-lieu est un gros bourg médiéval de charme accroché à une pente boisée. Sur la place centrale du village se dresse la statue en bronze de Monseigneur Casanelli d'Istria, natif de Vico, qui prêcha l'abandon de la vendetta en Corse au XIXe siècle. On raconte que grâce à son éloquence, le père Albini du couvent de Vico, reprenant les thèses de Monseigneur Casanelli d'Istria, parvint à des réconciliations quasi-miraculeuses. À proximité : piscines naturelles et plage sur le Liamone.

ESCAPADES CANYONING

Place Casanelli-d'Istria
✆ 06 12 89 74 60
https://lesescapades.com/

Ouvert de juin à fin septembre. Haute saison : ouvert tous les jours et les jours fériés de 9h à 18h. 50 € le canyon. Sorties en demi-journée. CB non acceptée.

Un instructeur vous conduit à la découverte d'un canyon encore préservé et peu fréquenté à proximité du village de Soccia. Ce canyon, praticable en une demi-journée, constitue un site d'initiation offrant une expérience complète : exploration de piscines émeraude avec des sauts de différentes hauteurs, traversée en tyrolienne et descente en rappel. Tout le matériel nécessaire est fourni, y compris des combinaisons en néoprène, des casques et des baudriers. Pour une journée revitalisante et rafraîchissante au cœur de la montagne corse.

PENSE FUTÉ

Piscines naturelles de Cavu.

ORGANISER SON SÉJOUR

SE RENDRE EN CORSE

Parmi les grandes îles françaises, se trouve aux antipodes la Corse, qui est une destination proche du continent, d'accès facile et rapide par les airs ou par la mer. La compagnie aérienne corse, Air France, et plusieurs compagnies low cost dont Easyjet et Transavia se partagent les liaisons desservant depuis Paris et la province les 5 aéroports de l'île. Pour les liaisons marines, les compagnies les plus importantes sont Corsica Linea, La Méridionale et Corsica Ferry. Le choix du ferry vous permet de venir avec votre voiture. À moins que vous n'ayez opté pour un séjour balnéaire *all inclusive* au bord de la mer, un véhicule sur place vous sera très utile pour découvrir les différentes richesses de l'île. Vous pouvez aussi arriver en avion et louer une voiture à l'aéroport.

AIR CORSICA

Aéroport Napoléon Bonaparte
Ajaccio
✆ 08 25 35 35 35
www.aircorsica.com
support-commercial@aircorsica.com
Ouvert tous les jours et les jours fériés de 8h à 20h.

Créée le 6 janvier 1989 par l'Assemblée de Corse, la compagnie Air Corsica est le premier opérateur aérien de Corse et assure plus de 800 vols par semaine en période de pointe. La compagnie relie quotidiennement les quatre aéroports de Corse, soit Ajaccio, Bastia, Calvi et Figari à Marseille, Nice, Paris-Orly et Charles de Gaulle ainsi que Lyon. Air Corsica dispose également d'un réseau de lignes saisonnières entre Clermont-Ferrand, Bruxelles Sud Charleroi (Belgique), Marseille, Nantes, Nice, Toulouse, Toulon, Dôle et Bordeaux.

CORSICA FERRIES

Quai l'Herminier
Ajaccio
✆ 04 95 50 78 82
www.corsica-ferries.fr
client@corsica-ferries.fr
Haute saison : ouvert tous les jours et les jours fériés. Au départ de Toulon, Nice, Savone, Livourne.

Fondée en 1968, cette compagnie de navigation maritime privée franco-italienne assure des liaisons maritimes depuis des ports continentaux français (Toulon, Nice) et italiens vers la Corse, la Sardaigne, Majorque et l'Île d'Elbe. À la clé, un large choix d'horaires pour des traversées ferries entre la Corse et le continent : des départs matinaux ou en début d'après-midi afin d'arriver en quelques heures, ou des départs en soirée pour une arrivée le lendemain matin. En saison estivale, jusqu'à 30 traversées ferries par jour entre le Continent et la Corse.

CORSICA LINEA

Quai l'herminier
Ajaccio
✆ 04 95 29 66 99
www.corsicalinea.com
ajaccio@lineavoyages.com

Ouvert du lundi au vendredi de 9h à 12h et de 14h à 18h ; le samedi de 9h à 12h.

Cette compagnie corse assure un départ un jour sur deux depuis le Continent. Partez de Marseille à bord du *Pascal Paoli*, le plus grand bateau de la flotte. Avec Wifi à bord, un restaurant, un bar, des sandwichs, une boutique et un solarium, le *Pascal Paoli* est l'un des navires les mieux équipés de la Corsica Linea. Avec une traversée de nuit, vous arrivez au petit matin pour profiter de la journée. La liaison Marseille/Ajaccio est également assurée par A Galeotta, qui fut, en 2022, le premier navire neuf propulsé au Gaz Naturel Liquéfié à desservir la Corse.

LA MÉRIDIONALE

Port de Commerce
Boulevard Sampiero – Ajaccio
✆ 09 70 83 20 20
www.lameridionale.fr
cmn-corse@lameridionale.fr

Réservation sur Internet, simple et efficace.

C'est la compagnie historique pour les traversées entre Marseille et la Corse (Ajaccio et Porto-Vecchio). Depuis 2024, s'ajoute une liaison entre Toulon et l'Île-Rousse, le trajet le plus court. À bord, menus d'inspiration corse au restaurant ou au snack, puis détente dans l'un des salons du bar. Vous avez le choix entre plusieurs catégories de cabines ou un fauteuil inclinable. La traversée est calme, confortable et conviviale. De plus, les ferries de la Méridionale se rechargent à quai en électricité, en silence et en réduisant leur impact carbone au minimum.

Delta du Fango.

HÉBERGEMENTS

HÔTEL & SPA DES PÊCHEURS

Ile de Cavallo
Bonifacio
✆ 04 95 70 36 39
www.hoteldespecheurs.com/fr/
info@hoteldespecheurs.com

A partir de 400 € la chambre double, petit déjeuner compris, deux nuits minimum en été.

Un bijou d'hôtel de grand luxe, le seul qui permet de dormir sur l'île paradisiaque de Cavallo. Vous venez en bateau depuis Bonifacio ou en hélicoptère si vous en avez les moyens ! Tel un voilier de luxe dans la mer, cet hôtel offre des chambres et des suites superbes et un espace spa de toute beauté. Bien entendu, cet établissement est géré dans le respect strict de l'environnement. Sur place un restaurant gastronomique et le beach bar ambiance Caraïbes. Pour une parenthèse de nature marine de rêve et de raffinement extrême.

CASTEL BRANDO HÔTEL & SPA****

Route du Cap
Brando
✆ 04 95 30 10 30
www.castelbrando.com/fr
info@castelbrando.com

Ouvert d'avril à novembre. A partir de 105 € la chambre et 150 € la suite en absse saison.

Cette « maison d'Américain » typique du Cap Corse, édifiée en 1853 par un médecin des armées napoléoniennes, était en ruine lorsque Joëlle et Jean-Paul Pietri décidèrent d'en faire, voici une trentaine d'années, une adresse de charme. Entre montagne et mer, c'est un havre de paix avec piscine, restaurant,

Brando.

spa bio. Vous êtes sur la côte est, à 20 min de Bastia, au calme, avec tout le raffinement et le confort d'un 4 étoiles. Même propriétaire que Les Mouettes d'Ajaccio.

ACQUAVIVA**

D84 - Lieu-dit Scadarcciole
Route du Col-de-Verghio
Calacuccia
✆ 06 27 80 36 86
www.acquaviva-corse.fr
stella.acquaviva@wanadoo.fr

15 chambres. Chambre double à partir de 79 €. Parking ouvert inclus (garage et abri vélos). Chèque Vacances. Animaux acceptés. Wifi gratuit.

Cet hôtel familial tenu par Mathieu et Stella offre des chambres confortables et propres, chacune dotée d'un petit balcon ouvrant sur la montagne. On apprécie la grande terrasse ombragée et le bar animé par les locaux. Accueil tip top de Stella qui vous renseigne avec plaisir sur les nombreuses randonnées dans le Niolu. Une étape intéressante pour les randonneurs avec plusieurs accès vers le GR20 et un passage du Mare a Mare côté nord. Un hôtel bienvenu dans cette micro-région quelque peu déserte en matière d'hôtellerie. Egalement une aire de camping naturelle.

DOMAINE DE RIVA BELLA****

Bravone
Route de Riva-Bella
Linguizzetta
✆ 04 95 38 81 10
www.rivabella-spa.com
rivabella.corsica@gmail.com
A 65 km de Bastia et 75 km de Porto-Vecchio.

Ecolabel européen. Qualité Tourisme. Camping Qualité. Ouvert toute l'année. Naturiste de 1/04 au 05/11. Textile le reste de l'année. Réservation recommandée. Accueil jusqu'à 20h. Gardé 24h/24. Terrain de 70h ha. 199 emplacements. Exposition : ombragé / mi-ombragé / ensoleillé. Sol : sablonneux / herbeux. Relief : plat / vallonné. Emplacement camping en pleine nature ou sur la plage. Parking hors emplacements. Lodge, bungalow et mini-villa de 1 à 6 pers : de 48,60 à 337 € la nuit. 2 bungalows PMR. Chèque Vacances. Membre de France 4 Naturisme, Qualité Tourisme et labellisation Eco Label Européen. Club enfants. Garde d'enfants. Jeux pour enfants. Salle de bains pour bébés. Animaux acceptés (payant). Aire pour camping-cars. Wifi gratuit. Restauration (demi-pension 45 €, pension complète 75 €, petit déjeuner 12 €). Wifi gratuit en hébergement Lave vaisselle écologique gratuit dans les sanitaires. Bornes de recharge de voiture électrique. Hammam, bain bouillonnant, sauna. Animations. Centre thalasso. Gratuit : yoga et diverses activités sportives avec un coach. Terrain multisports. Parcours de santé 3 km. Kids club de 5 à 14 ans gratuit en juillet et août, matin et après-midi. Cours de poterie et d'aquarelle payants.

Paradis sauvage à perte de vue, entre mer et étangs. Dans le calme et la convivialité, découvrez votre maison près du sable, à deux pas d'une eau turquoise. Outre son parcours de santé de 3 km et sa piste cyclable qui permettent de découvrir son parc animalier de lamas, Riva Bella abrite une petite épicerie de terroir et un centre de thalasso avec de nombreuses formules de bien-être et de soins. Au restaurant, on se délectera d'une cuisine de la mer et du terroir.

TOUR GÉNOISE DE MICALONA
Domaine de l'Oglisatru Abbartello
Route de Porto Pollo
Olmeto
✆ 06 22 54 49 01
Trois nuits, quatre nuits ou sept nuits minimum selon saison.
Amoureux du patrimoine voici une expérience originale pour vous. Dormez dans la tour génoise de Micalona sur le Domaine de l'Oglisatru, à 12 km de Propriano. Les propriétaires ont transformé cette ancienne tour de garde en maison d'hôte avec deux chambres, une cuisine, une piscine extérieure, une terrasse privée sur le toit et des vues panoramiques sur la mer. Vous êtes à 10 minutes de marche des plages. Possibilité sur réservation de massages, d'un service traiteur et même de prestation de coiffure. Également une cabane perchée et des bergeries.

CAMPING U FURU**
Route de Muratello
Porto-Vecchio
✆ 04 95 70 10 83
www.u-furu.com
contact@u-furu.com
Fermé de novembre à avril. Réservation impérative. Camping dès 7 € par personne la nuit, maisonnette en pierre pour deux personnes dès 651 € la semaine. Wifi. Restauration (le service du Bar-restaurant ainsi que l'Epicerie ouverts du 1/06 au 30/09). Animations.
À seulement 8 km de la mer, au milieu d'une nature sauvage, le long d'une rivière de 6 km entre rochers et maquis ponctuée de piscines naturelles et de cascades, un camping de rêve ! Vous plantez votre tente ou logez dans une petite maison en pierre entourée d'une végétation luxuriante et variée. Le dimanche matin, en été, se tient un petit marché de spécialités locales. Dans le centre, une petite épicerie à des prix raisonnables. C'est un camping naturiste.

SAGONE RESORT****
D70
Route de Vico
Sagone
✆ 04 13 59 44 17
www.camping-sagone.fr
contact@camping-sagone.fr
A 1,2 km de Sagone-Plage
et 35 km d'Ajaccio
Pictos : moteur ; mobilité réduite ; climatisation ; magasin d'alimentation ; vidange WC, laverie ; piscine extérieure chauffée ; piscine toboggan aquatique ; bar ; discothèque ; salle de jeux, TV ; salle de remise en forme ; tennis ; location de vélos. Fermé de novembre à mars. Réservation recommandée. Accueil jusqu'à 20h (en saison). Gardé 24h/24. Terrain de 25 ha. 300 emplacements. Camping Chèque acceptés. American Express, Chèque Vacances. 2 locatifs PMR. Club enfants. Aire pour camping-cars. Connexion Internet payante. Restauration. Animations.
Un camping 4 étoiles estampillé écolabel européen. Envie de passer vos vacances dans un cadre paradisiaque ? Le camping Sagone vous accueille dans une des plus belles baies de Corse du Sud. Dîner en tête à tête au restaurant et farniente sur les bains de soleil de la piscine seront au programme de votre séjour. Avec sa piscine couverte et chauffée (hors saison), le camping Sagone dispose de tous les services pour des vacances réussies. Il propose de nombreuses activités pour petits et

grands, du club enfant aux spectacles de soirée. Emplacements et mobil-homes.

FANALE DI SENETOSA REFUGE LITTORAL

Senetosa
Sartène
✆ 06 27 77 48 89
www.campumoru-senetosa.corsica
elisa.2a@orange.fr
Fermé d'octobre à mars. Ouvert de Pâques à fin octobre. Le reste de l'année sur réservation pour les groupes. 8 couchages en chambres à 20 €. 16 couchages en dortoir à 15 €. Bivouac à 8 €. CB non acceptée. Petit déjeuner à 6,50€ sur réservation. Location de tente avec matelas pour deux personnes à 10 €. Location de draps.
Un refuge insolite ! Le Phare de Senetosa a été réhabilité par le Conservatoire du Littoral. Situé sur le sentier littoral reliant les villages de Tizzano et Campomoro, il est à mi-parcours. Outre sa mission pour la sécurité maritime, le phare accueille désormais les randonneurs pédestres ou équestres parcourant le sentier littoral entre les deux villages ou cheminant sur les boucles de randonnées ouverts sur le site. Il accueille également les kayakistes en escale.

A CASA CHJUCA

Chemin du Perolingo
Haut du village
Soccia
✆ 04 95 28 39 79
brigitteloys@hotmail.com
50 m après le restaurant Pane e Vinu, prendre la route à gauche.
Gîtes de France (2 épis). Ouvert toute l'année. Accueil jusqu'à 19h. 1 chambre. Studio / appartement 80 €. Parking fermé inclus (moto). CB non acceptée. Chèque Vacances. Escaliers. Salon de jardin, location de draps, lave-vaisselle.
Brigitte Loÿs propose dans sa petite maison accrochée sur les hauteurs du village, à 700 mètres d'altitude, un adorable gîte rural et une chambre d'hôtes pour les amateurs de tranquillité, avec une vue imprenable sur le village et les montagnes. Accueil charmant et grande disponibilité de l'hôte pour un séjour satisfaction garantie. Cet hébergement est idéalement situé pour partir à la découverte du lac de Creno et des montagnes environnantes. De nombreux parcours de randonnées sont à découvrir dans les environs. Trois nuitées minimum.

CAMPING LA RIVIÈRE

Zonza
✆ 04 95 78 68 31
www.camping-riviere-zonza.com
camping-lariviere@sfr.fr
Du 1er avril au 1er octobre. Wifi, lave-linge, frigidaire, micro-ondes, barbecues... Adulte 12 €, enfant 6 €.
Au cœur de l'Alta Rocca, à 2 km de Zonza et 4 km de Quenza, ce camping en pleine nature est traversé par la rivière Saint-Antoine qui vient de Bavella. Il propose des emplacements entre pins maritimes et chênes centenaires. Les eaux calmes et limpides, les fougères qui tapissent le sol et l'ombre de grands arbres vous assurent une escale réconfortante. C'est un camp de base pour les amoureux de la nature, les randonneurs et une escale sur la GT20 pour les cyclistes munis d'une tente. On peut aussi dormir à la belle étoile en profitant des nombreux équipements.

INDEX

La citadelle de Calvi.

EDITION

Directeurs de collection et auteurs : Dominique AUZIAS et Jean-Paul LABOURDETTE

Auteurs : Corine LACRAMPE, Jean-Paul LABOURDETTE, Dominique AUZIAS et alter

Directeur Editorial : Stéphan SZEREMETA

Rédaction France : Briséis TEMPLE-BOYER, Désirée DEBANT, Emilie SAINT-PASTOU, Nicolas WODARCZAK

Rédaction Monde : Laure CHATAIGNON, Morgane VESLIN, Pierre-Yves SOUCHET, Henri FRUNEAU

FABRICATION

Maquette et Montage : Romain AUDREN, Julie BORDES, Delphine PAGANO

Iconographie et Cartographie : Anne DIOT, Julien DOUCET

WEB ET NUMERIQUE

Directeur Web : Louis GENEAU DE LAMARLIERE

Technical Project Manager : Hervé MARION

Développeurs : Adeline CAUX, Bastien MOINET

Intégrateur Web : Mickael LATTES, Antoine DION

Webdesigner : Caroline LAFFAITEUR

Responsable Communication Digital WEB : Alice BARBIER

Community Traffic Manager : Shirley NDEMA-KINGUE, Liman DIEW, Camille LE PROVOST

Content Manager : Aliénor de PERIER assistée d'Emmanuel IJJOU

DIRECTION COMMERCIALE

Directeur commercial : Guillaume VORBURGER

Coordinatrice des Régies locale et nationale : Manon GUERIN

Responsable Régies locales : Michel GRANSEIGNE

Responsables Développement régie inter : Jean-Marc FARAGUET et Guillaume LABOUREUR et Camille ESMIEU

Assistante commerciale Régie internationale : Leila ANTRI-BOUZAR

Responsable commercial Régies et Formateur : Kévin FLAVIGNY

Chefs de Publicité Régie nationale : François BRIANCON-MARJOLLET, Perrine DE CARNE MARCEIN, Jonathan TOUTOUX, Elodie DELATOUR, Fouzia CHAOUI

DIFFUSION ET PROMOTION

Directrice des Ventes : Bénédicte MOULET assistée d'Aissatou DIOP

Responsable des ventes : Jean-Pierre GHEZ assisté de Nelly BRION

Relations Presse-Partenariats : Noémie BOIDANA

ADMINISTRATION

Président : Jean-Paul LABOURDETTE

Directeur général : Louis AUZIAS

Directrice des Ressources Humaines : Dina BOURDEAU assistée de Sandra DOS REIS et Eva BAELEN

Directrice Administrative et Financière : Valérie DECOTTIGNIES

Comptabilité : Guillaume PETIT, Aminata BAGAYOKO, Franck LAHADY et Touria ZENASNI

Recouvrement : Fabien BONNAN assisté de Sandra BRIJLALL

Responsable informatique : Elie NZUZI-LEBA

CARNET DE VOYAGE CORSE AQUATIQUE

LES NOUVELLES EDITIONS DE L'UNIVERSITE
18, rue des Volontaires - 75015 Paris.
✆ 01 53 69 70 00 - Fax 01 42 73 15 24
Internet : www.petitfute.com
SAS au capital de 1 293 680 € - RC PARIS B 309 769 966
Couverture : Corsica Paddle Trophy © ATC-Sylvain Alessandri
Impression : IMPRIMERIE CHIRAT - 42540 Saint-Just-la-Pendue
Achevé d'imprimer : janvier 2025
Dépôt légal : février 2025
ISBN : 9782305062211

Pour nous contacter par email, indiquez le nom de famille en minuscule suivi de @petitfute.com
Pour le courrier des lecteurs : info@petitfute.com

IMPRIMÉ EN FRANCE

PEFC
10-31-1895
Certifié PEFC
Ce produit est issu de forêts gérées durablement, de sources recyclées et contrôlées
www.pefc-france.org